Gaymann

Weihnachten
Augen zu und durch

Peter Gaymann

Weihnachten
Augen zu und durch

Reclam

RECLAMS UNIVERSAL-BIBLIOTHEK Nr. 14460
2024 Philipp Reclam jun. Verlag GmbH,
Siemensstraße 32, 71254 Ditzingen

Druck und Bindung: Druckerei C.H.Beck,
Bergerstraße 3–5, 86720 Nördlingen
Printed in Germany 2024
RECLAM, UNIVERSAL-BIBLIOTHEK und
RECLAMS UNIVERSAL-BIBLIOTHEK sind eingetragene Marken
der Philipp Reclam jun. GmbH & Co. KG, Stuttgart
ISBN 978-3-15-014460-2

www.reclam.de

FSC www.fsc.org
MIX
Papier aus verantwortungsvollen Quellen
FSC® C019821

Inhalt

Leise rieselt der Schnee

In der Vorweihnachtszeit

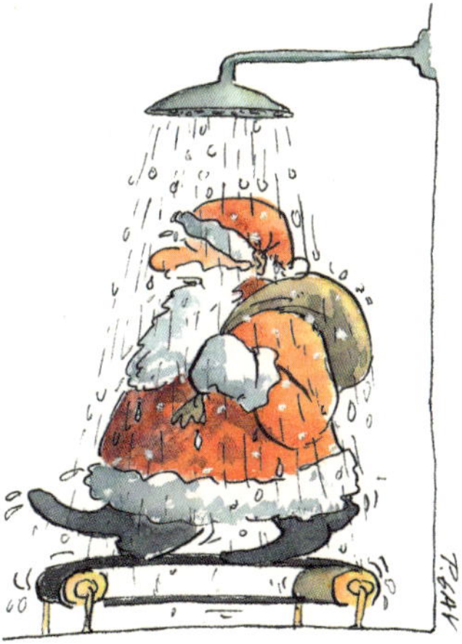

Kurz vor Weihnachten im Trainingslager!

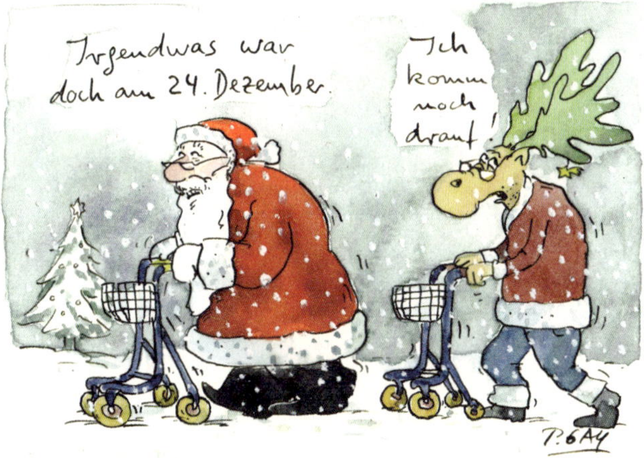
Irgendwas war doch am 24. Dezember.
Ich komm noch drauf!
P. GAY

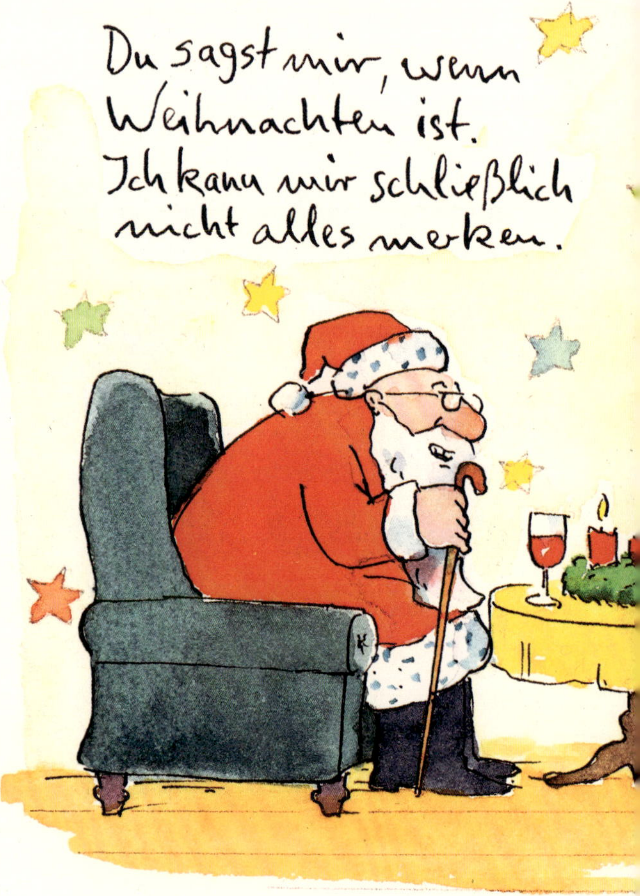
Du sagst mir, wenn Weihnachten ist. Ich kann mir schließlich nicht alles merken.

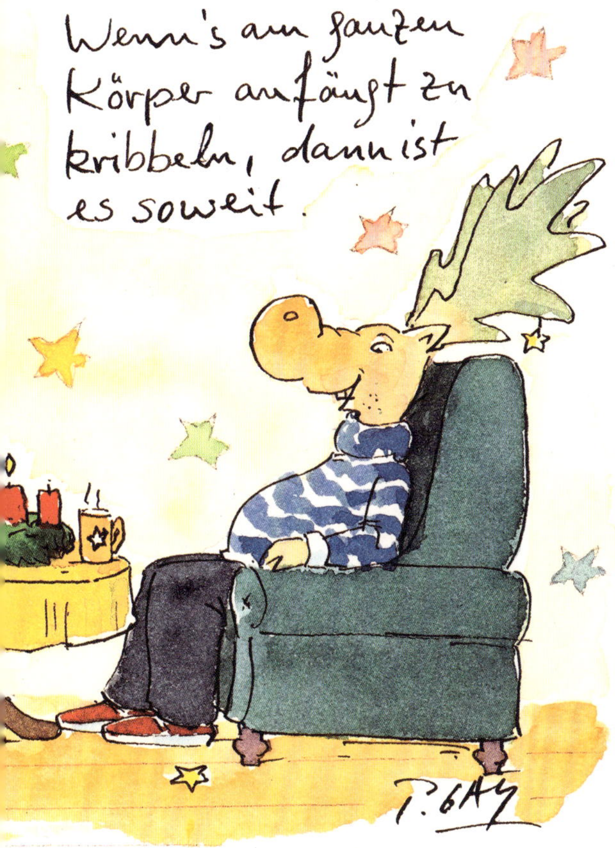
Wenn's am ganzen
Körper anfängt zu
kribbeln, dann ist
es soweit.
P. GAY

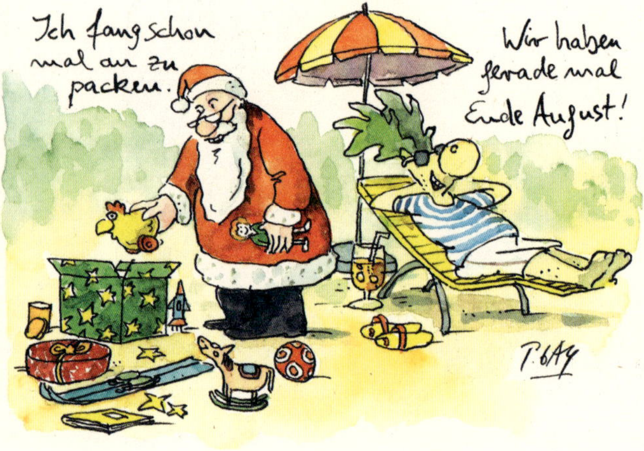
Ich fang schon mal an zu packen.
Wir haben gerade mal Ende August!

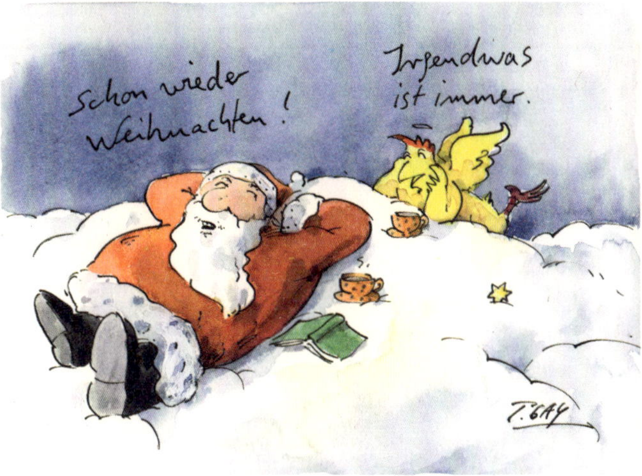
Schon wieder Weihnachten!
Irgendwas ist immer.
T. GAY

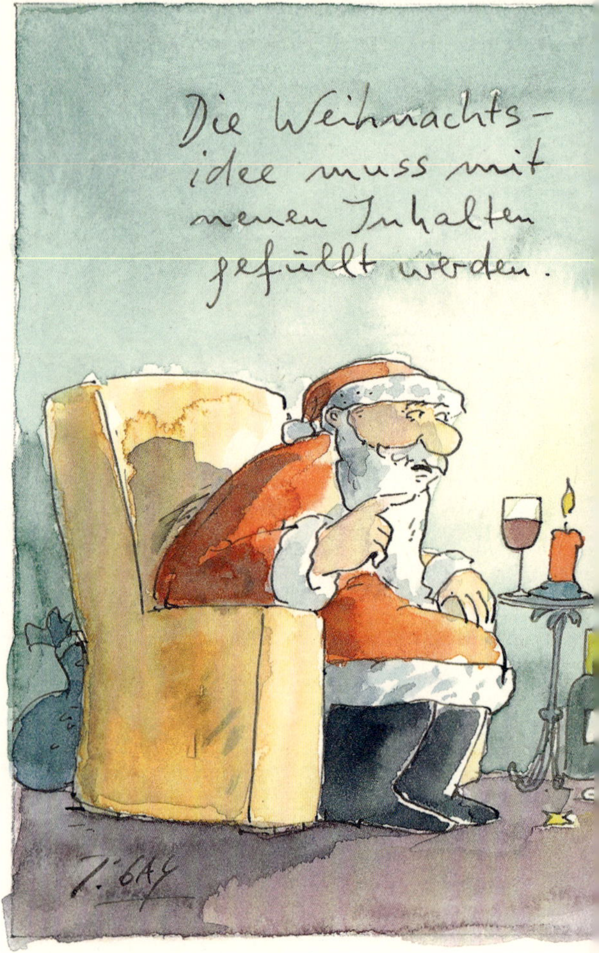
Die Weihnachts-
idee muss mit
neuen Inhalten
gefüllt werden.
T. GAY

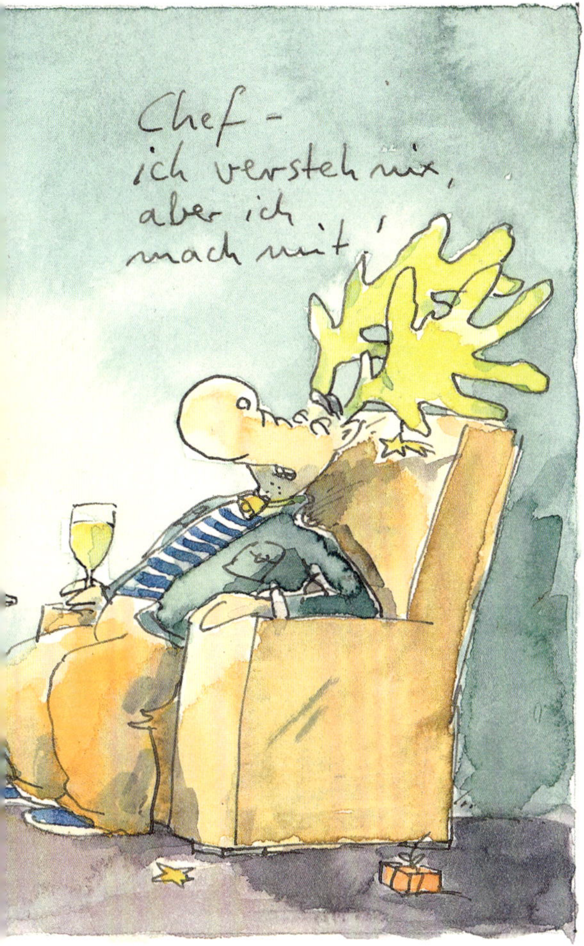
Chef –
ich versteh nix,
aber ich
mach mit!

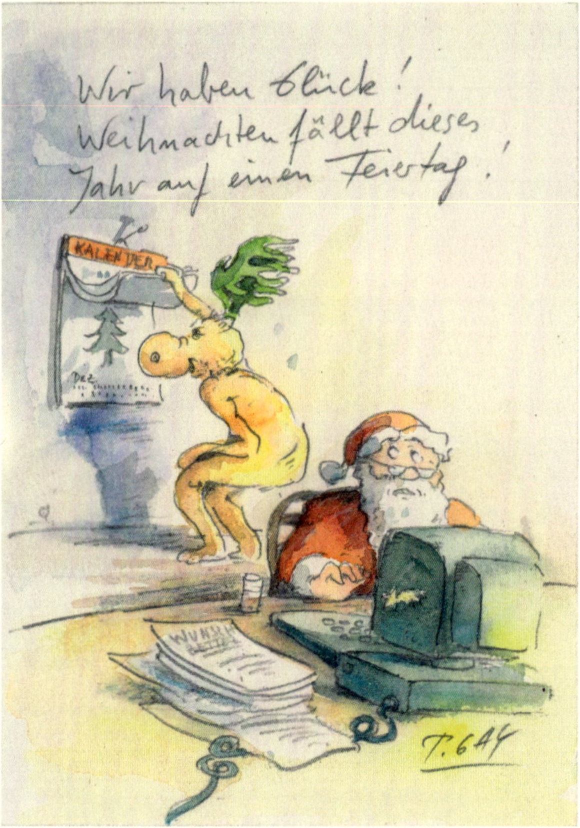
Wir haben Glück!
Weihnachten fällt dieses
Jahr auf einen Feiertag!
KALENDER
DEZ.
WUNSCHZETTEL
T.64

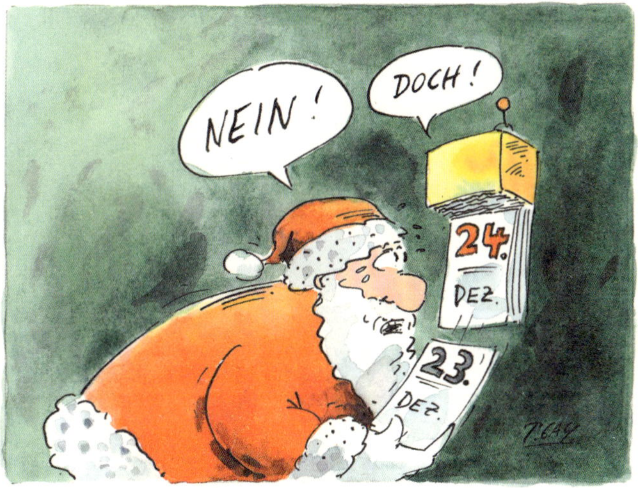
NEIN!
DOCH!
24.
DEZ.
23.
DEZ.

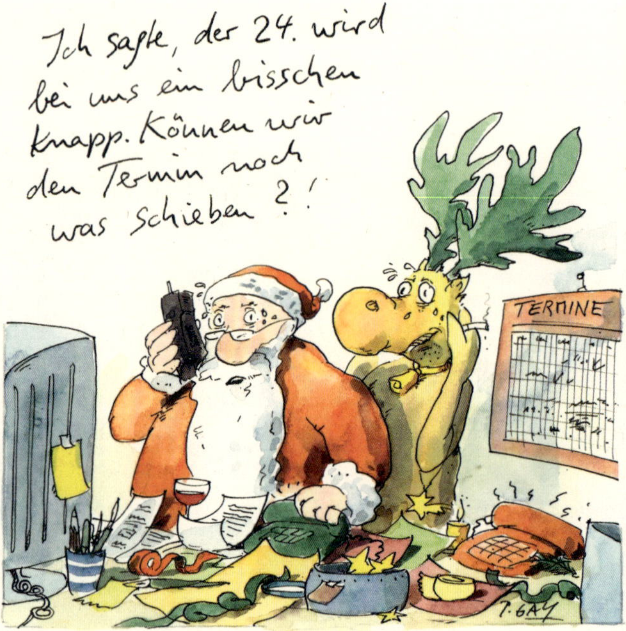
Ich sagte, der 24. wird bei uns ein bisschen knapp. Können wir den Termin noch was schieben ?!
TERMINE
T. GAY

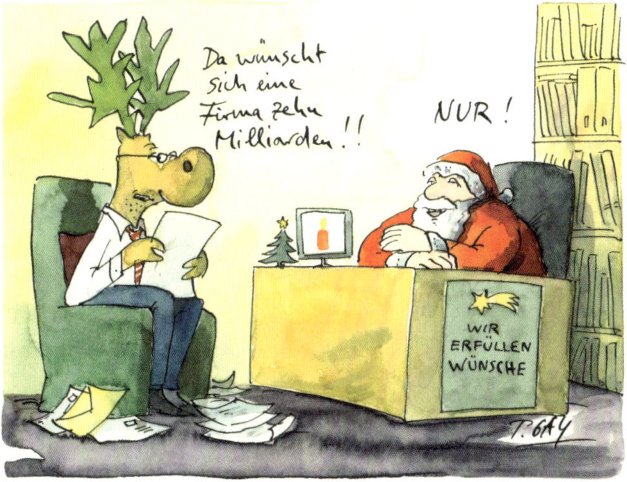
Da wünscht sich eine Firma zehn Milliarden!!
NUR!
WIR ERFÜLLEN WÜNSCHE
T. GAY

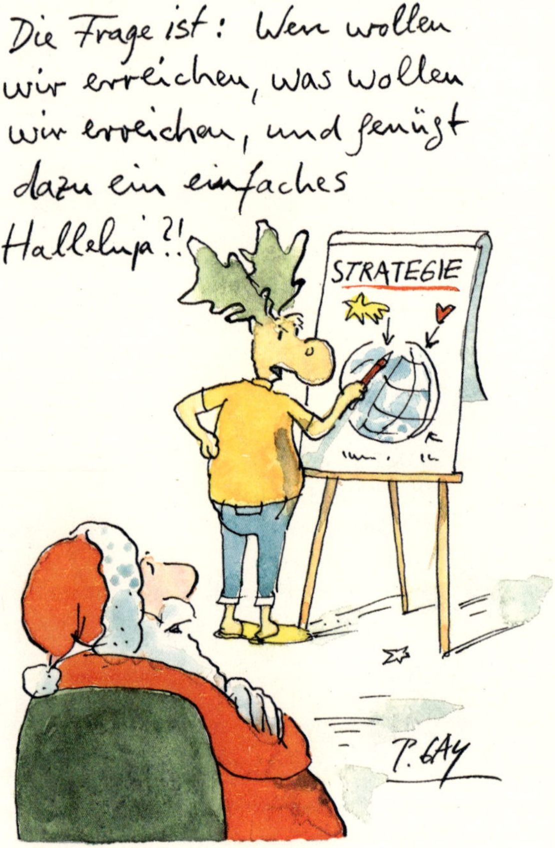
Die Frage ist: Wen wollen wir erreichen, was wollen wir erreichen, und genügt dazu ein einfaches Halleluja?!
STRATEGIE
P. GAY

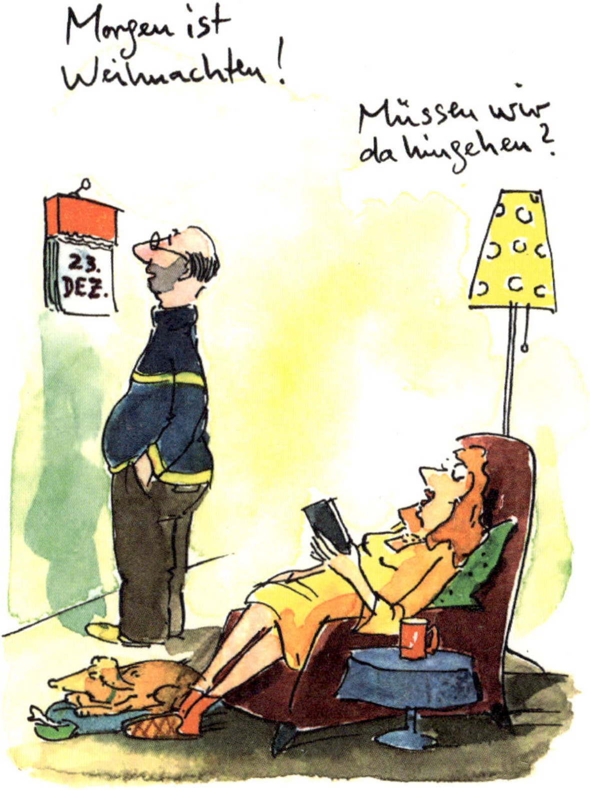
Morgen ist Weihnachten!
Müssen wir da hingehen?
23. DEZ.

In der Weihnachtsbäckerei

Von Festtagsessen und anderen
kulinarischen Katastrophen

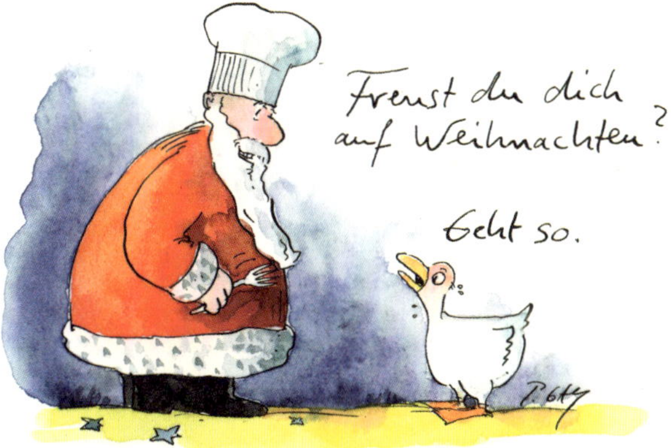

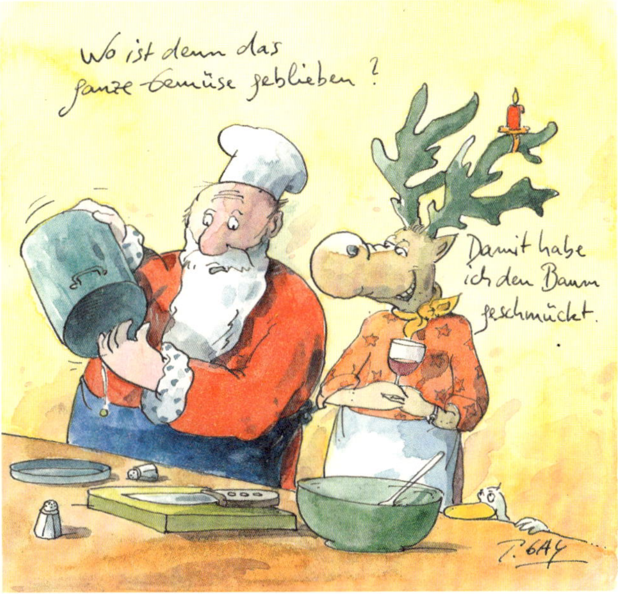
Wo ist denn das
ganze Gemüse geblieben?
Damit habe
ich den Baum
geschmückt.
T. GAY

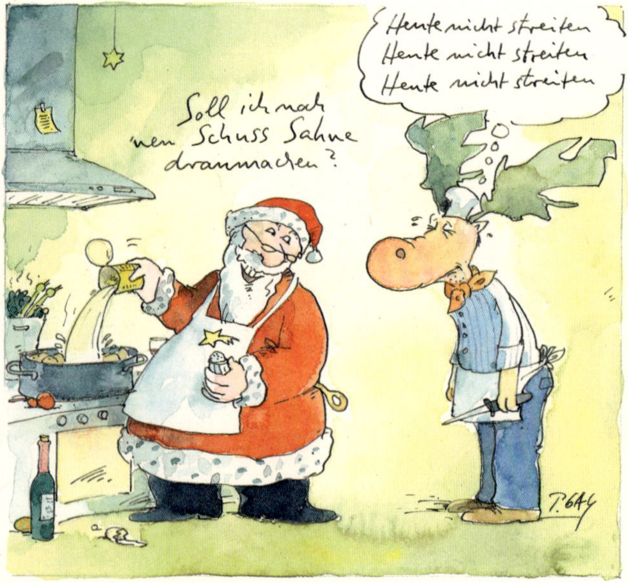
Soll ich noch
nen Schuss Sahne
dranmachen?
Heute nicht streiten
Heute nicht streiten
Heute nicht streiten
P. GAY

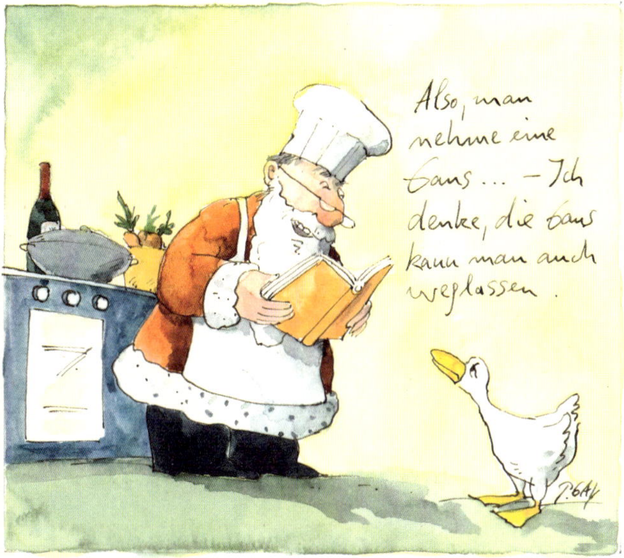
Also, man nehme eine Gans ... – Ich denke, die Gans kann man auch weglassen.

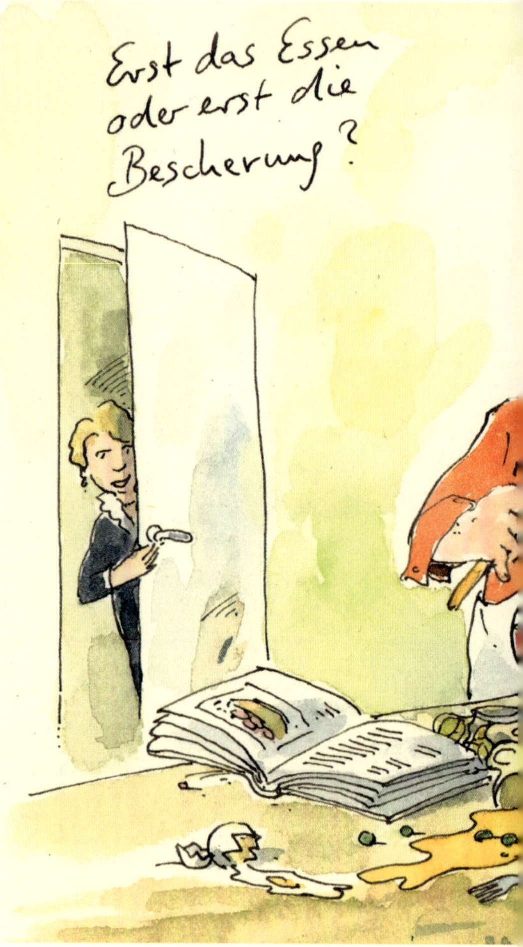
Erst das Essen
oder erst die
Bescherung?

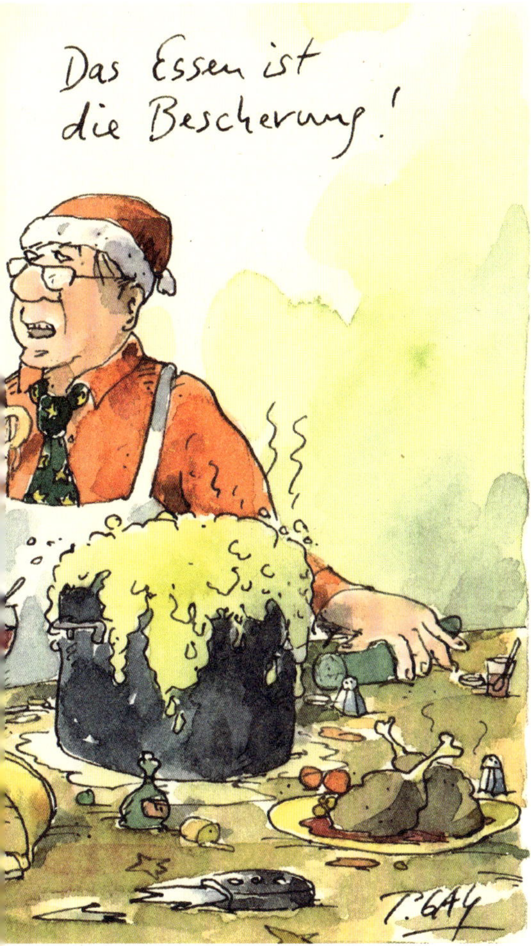
Das Essen ist
die Bescherung!
T. GAY

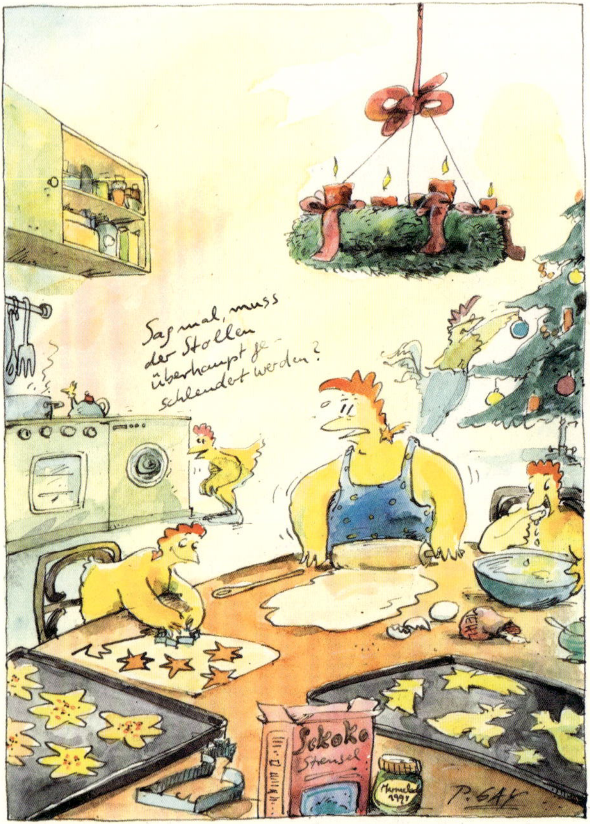
Sag mal, muss der Stollen überhaupt geschleudert werden?
Schoko Streusel
P. GAY

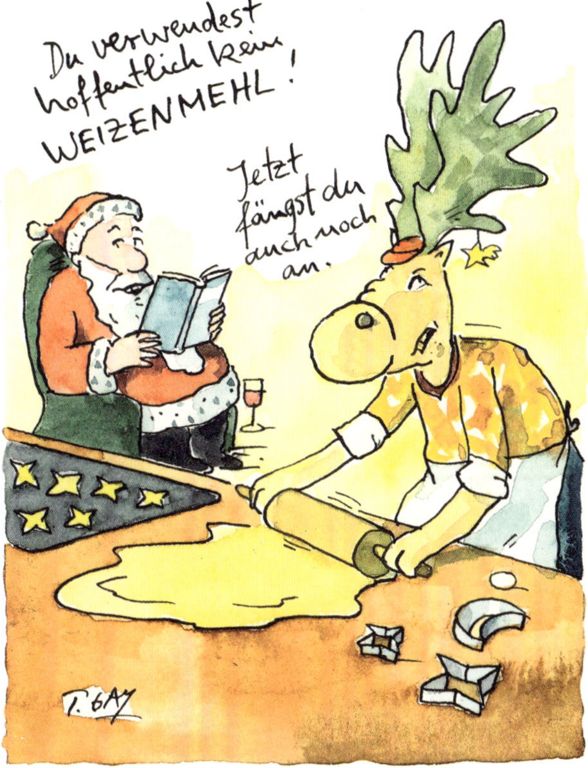
Du verwendest hoffentlich kein WEIZENMEHL!
Jetzt fängst du auch noch an.
T. GAY

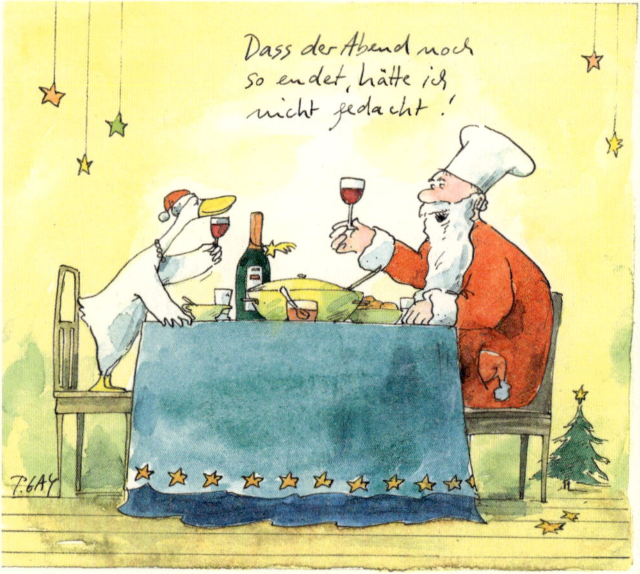
Dass der Abend noch
so endet, hätte ich
nicht gedacht!
P. GAY

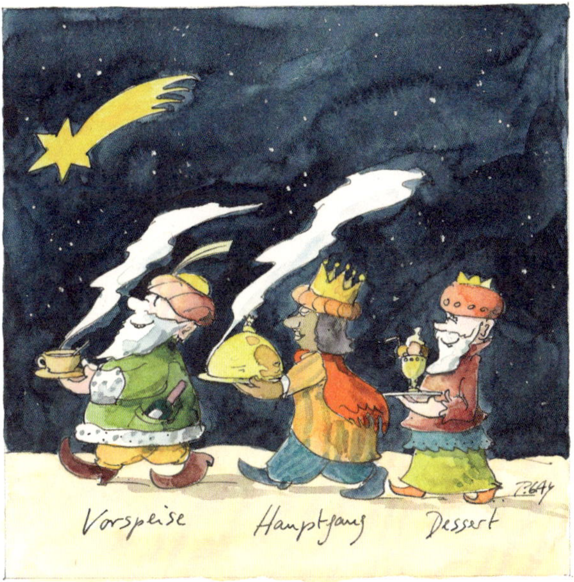
Vorspeise
Hauptgang
Dessert

Morgen kommt der Weihnachtsmann

Letzte Handgriffe und
Last-Minute-Vorbereitungen

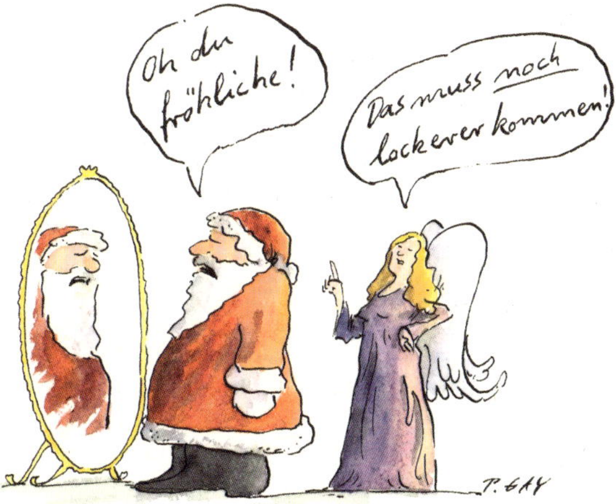

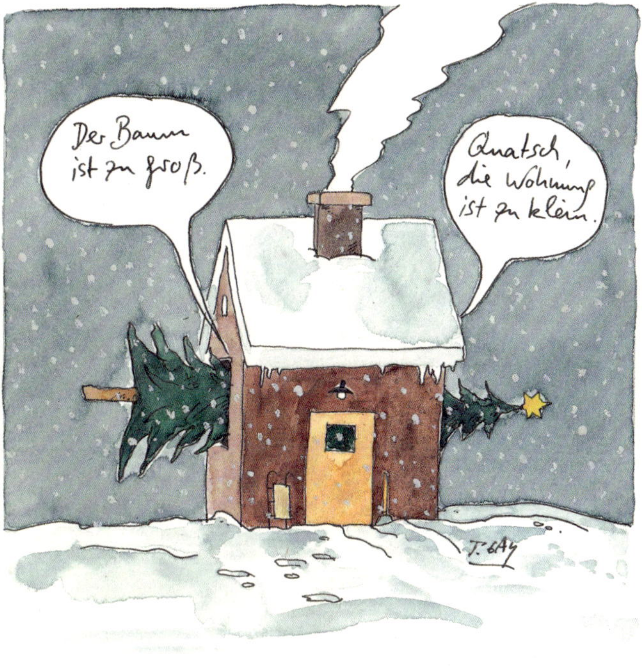
Der Baum ist zu groß.
Quatsch, die Wohnung ist zu klein.
J. GAY

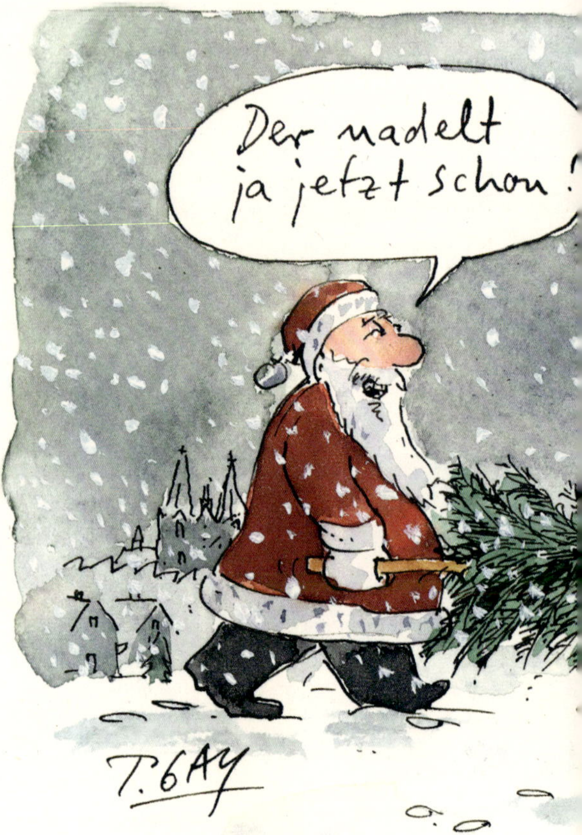
Der nadelt
ja jetzt schon!
T. GAY

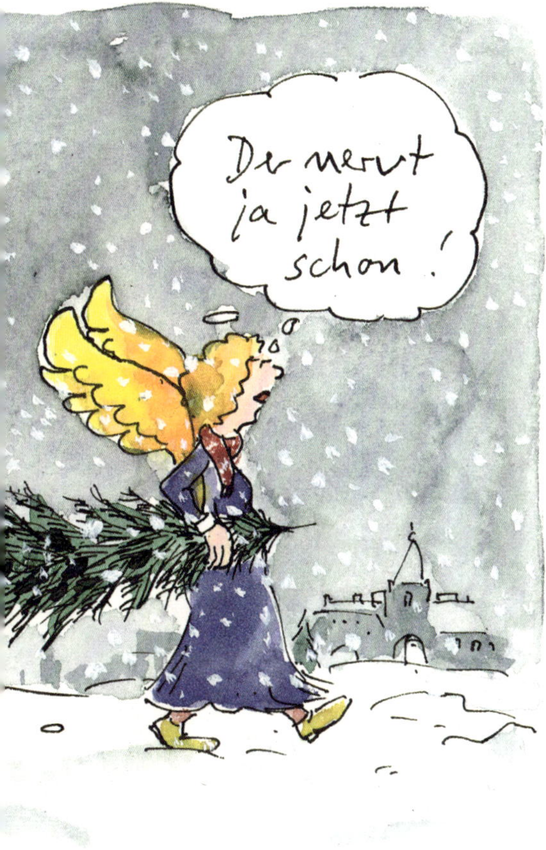
Der nervt
ja jetzt
schon!

YOGA FÜR WEIHNACHTSMÄNNER

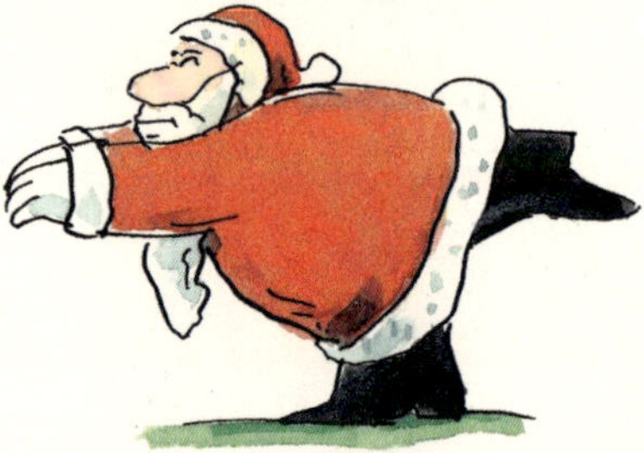

– Die Waage –

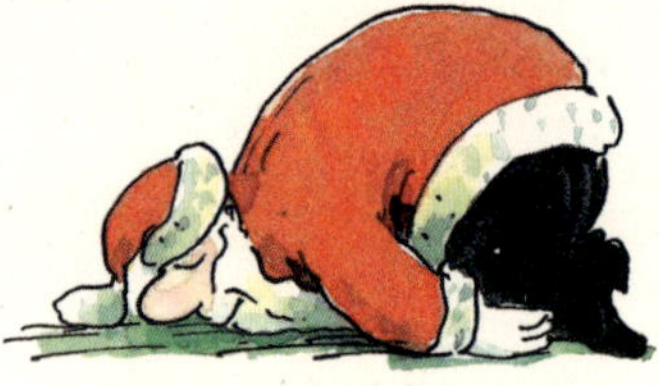

– Der Braten –

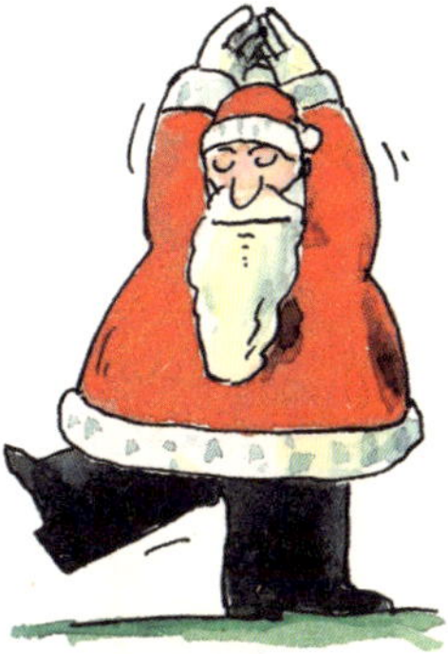

- Die Tanne -

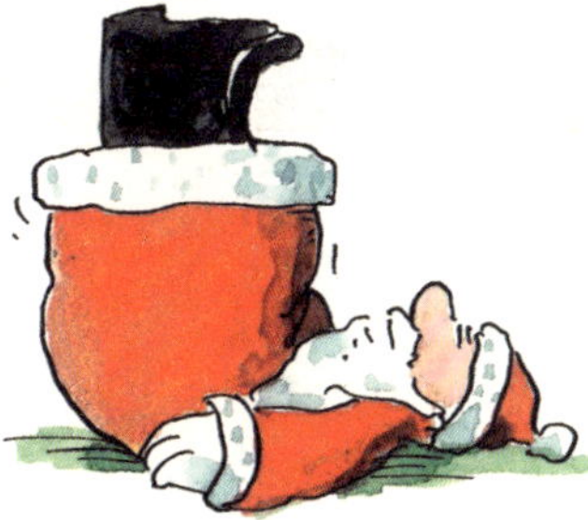

- Die Kerze -

P. GAY

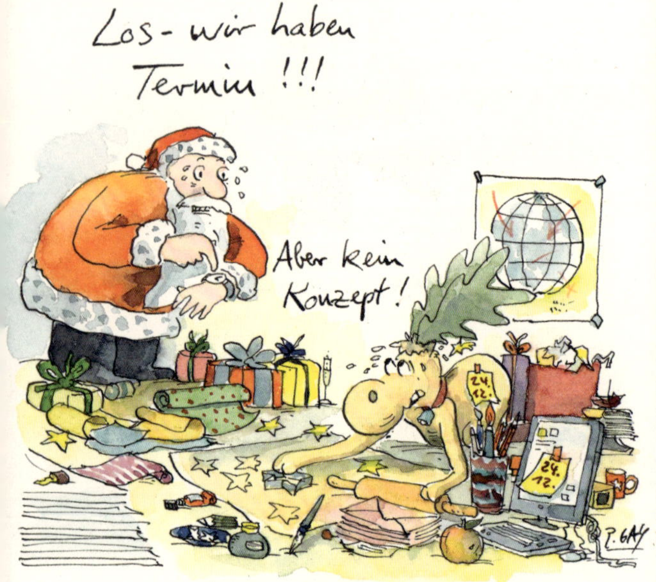
Los - wir haben Termin !!!
Aber kein Konzept!
24. 12.
24. 12.
P. GAY

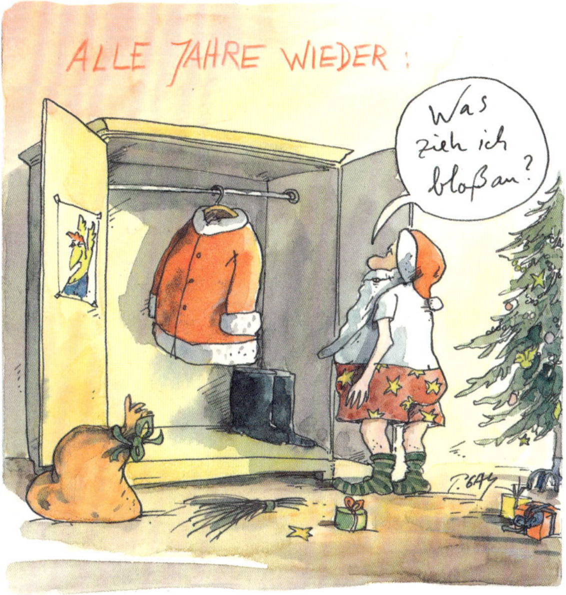
ALLE JAHRE WIEDER:
Was zieh ich bloß an?

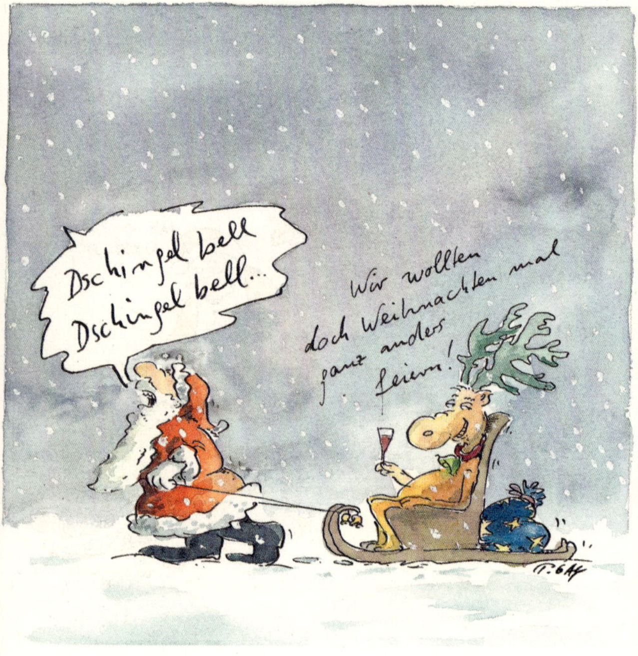
Dschingel bell
Dschingel bell...
Wir wollten
doch Weihnachten mal
ganz anders
feiern!

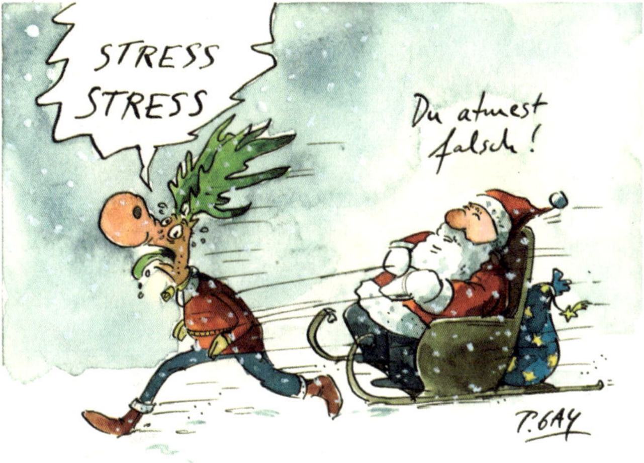
STRESS
STRESS
Du atmest falsch!
P. GAY

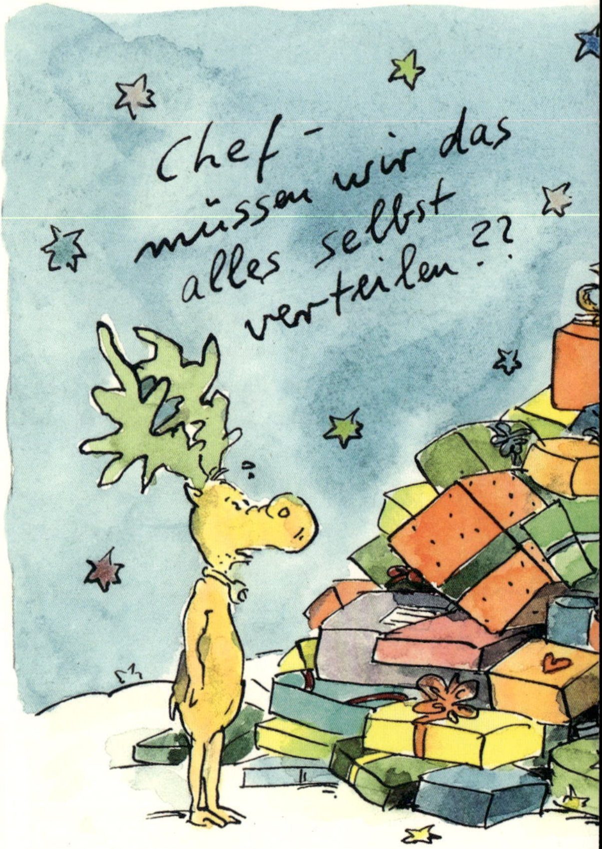
Chef – müssen wir das alles selbst verteilen??

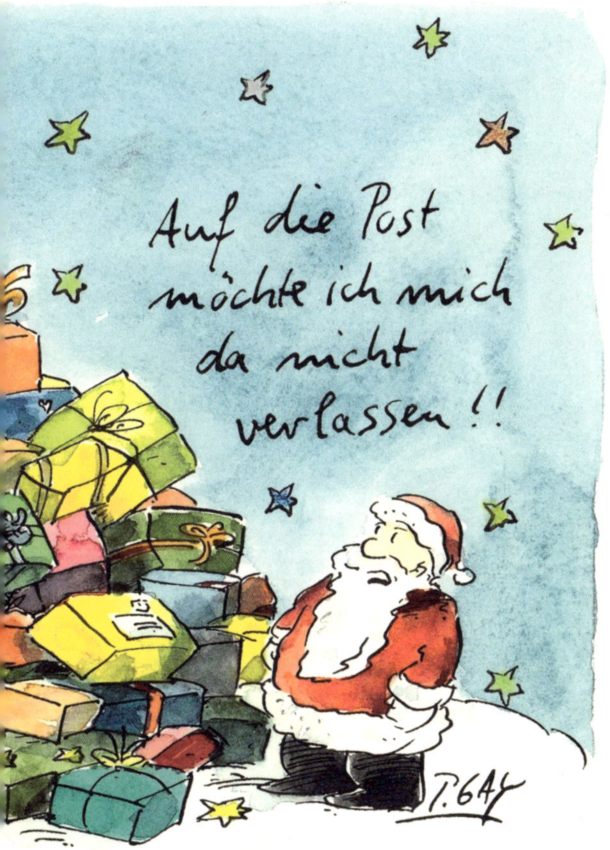
Auf die Post
möchte ich mich
da nicht
verlassen!!
P. GAY

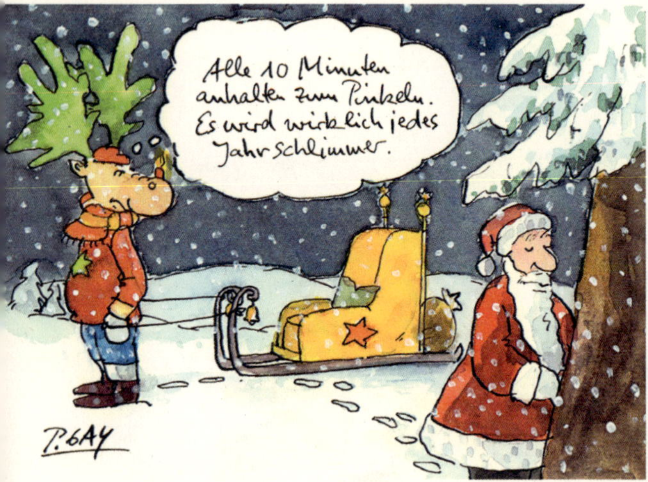
Alle 10 Minuten
anhalten zum Pinkeln.
Es wird wirklich jedes
Jahr schlimmer.
P. GAY

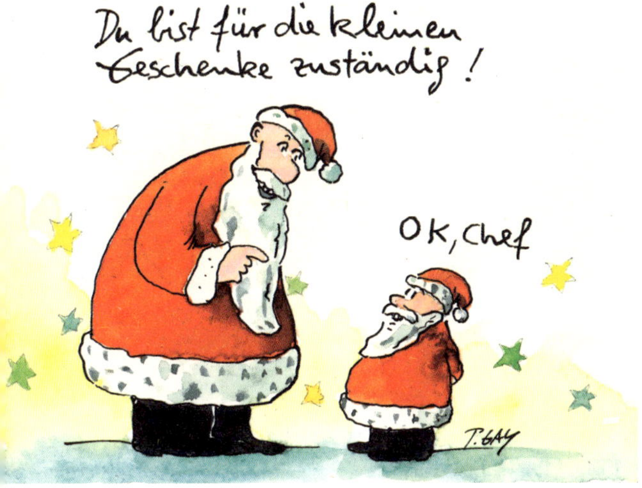
Du bist für die kleinen Geschenke zuständig!
OK, Chef
T. GAY

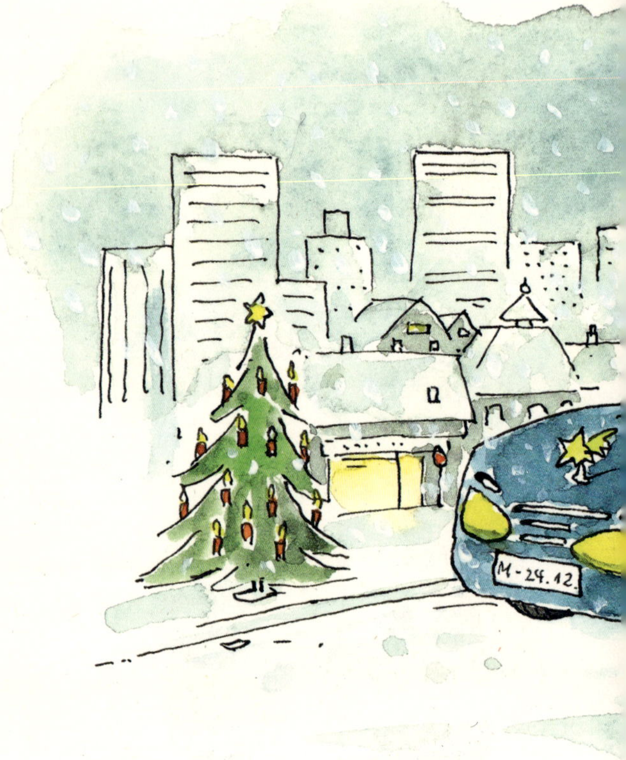
M-24.12

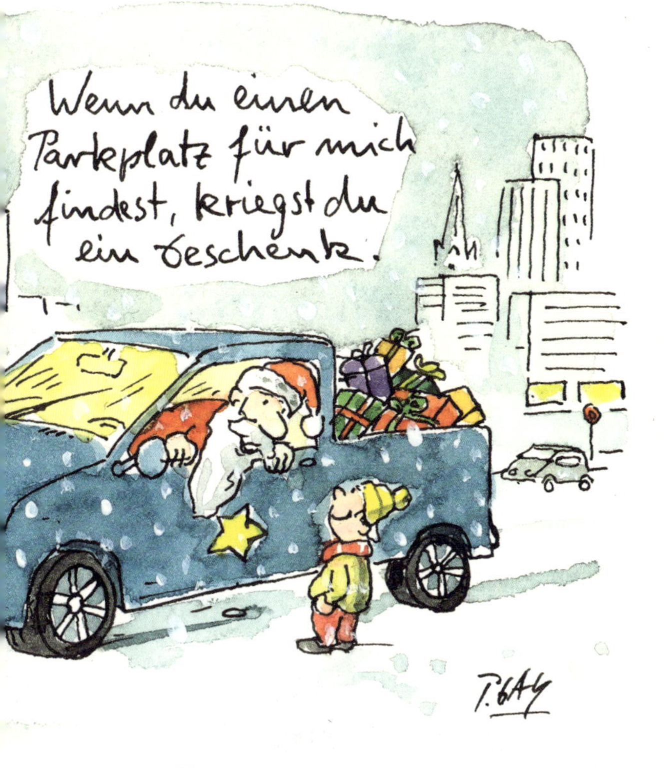
Wenn du einen Parkplatz für mich findest, kriegst du ein Geschenk.
P. GAY

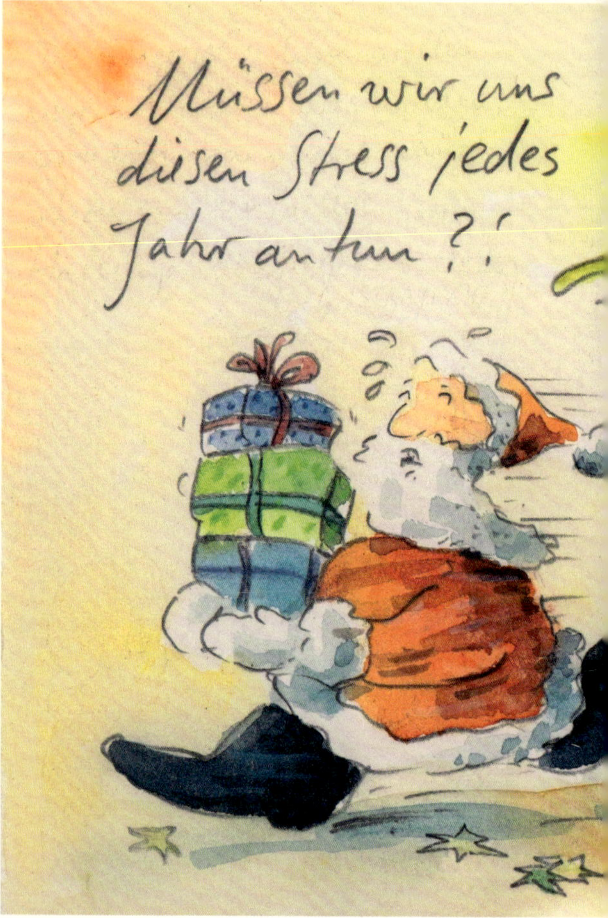
Müssen wir uns
diesen Stress jedes
Jahr antun?!

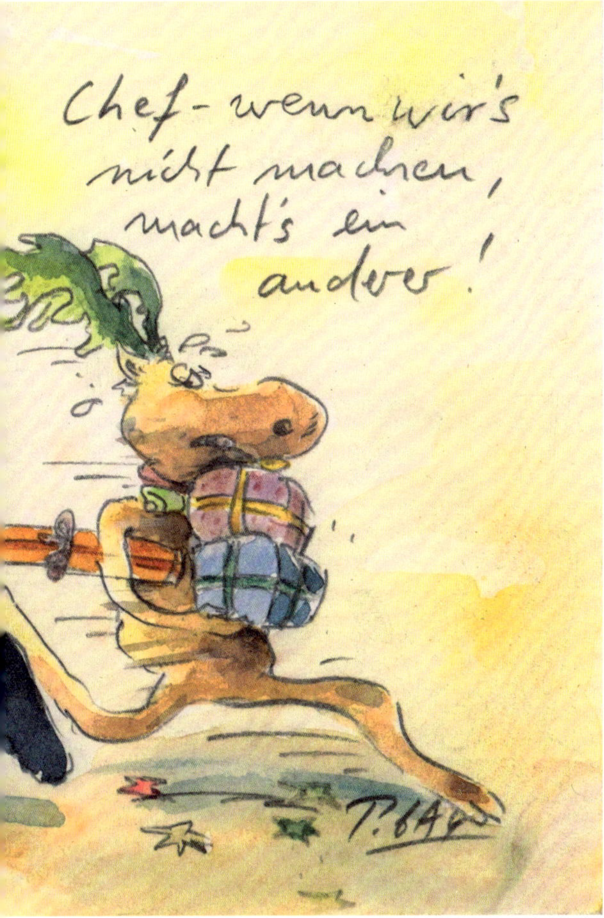
Chef – wenn wir's nicht machen, macht's ein anderer!
P. Gaymann

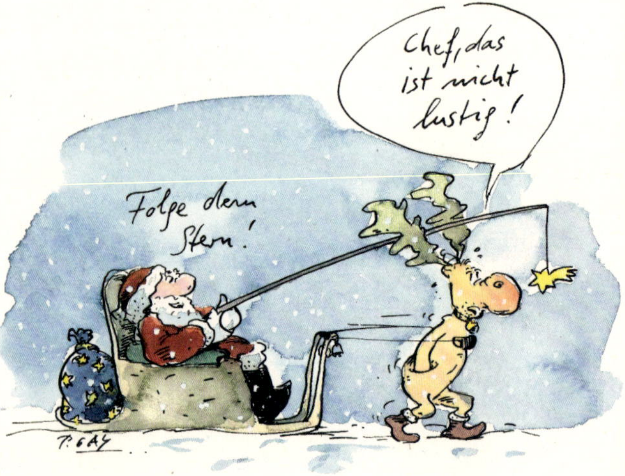
Folge dem Stern!
Chef, das ist nicht lustig!
P. GAY

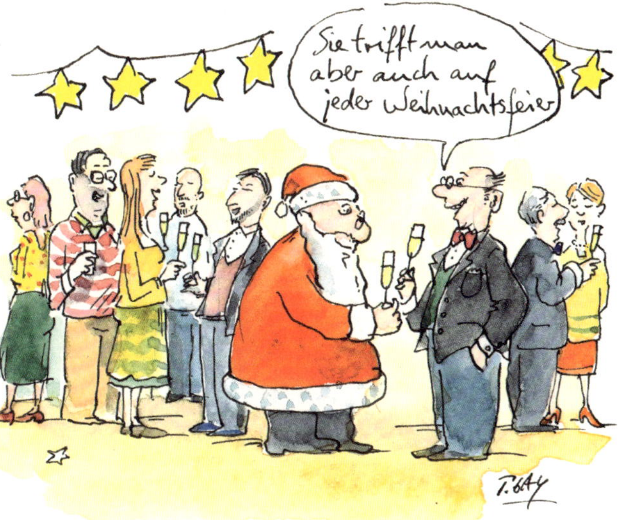
Sie trifft man aber auch auf jeder Weihnachtsfeier

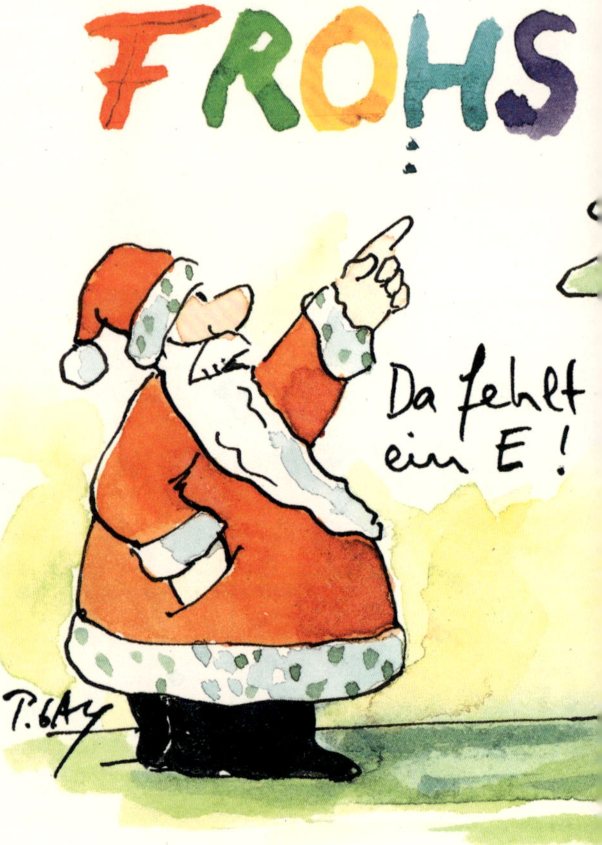
FROHS
Da fehlt ein E!
P. GAY

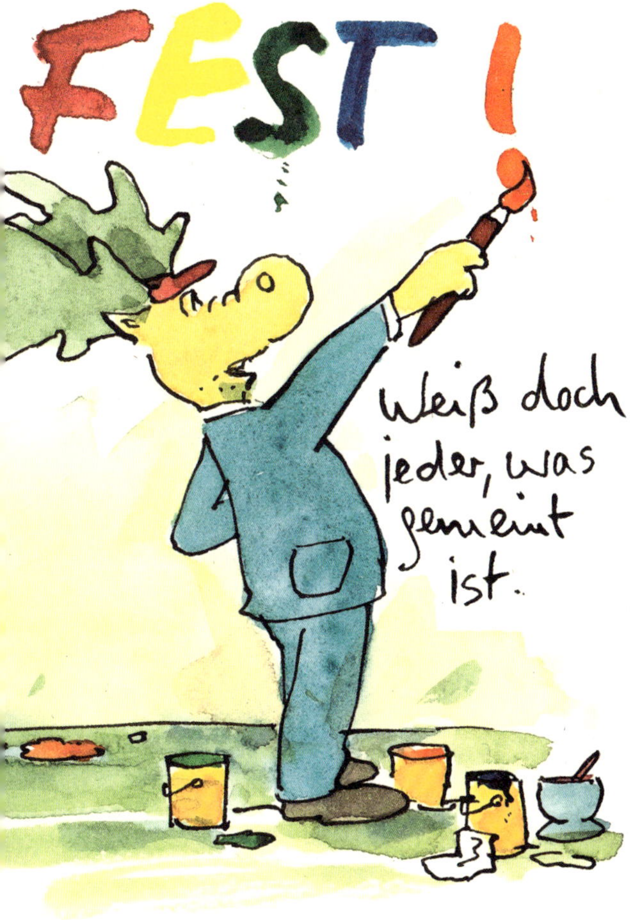
FEST!
Weiß doch
jeder, was
gemeint
ist.

O du fröhliche

Der Heilige Abend

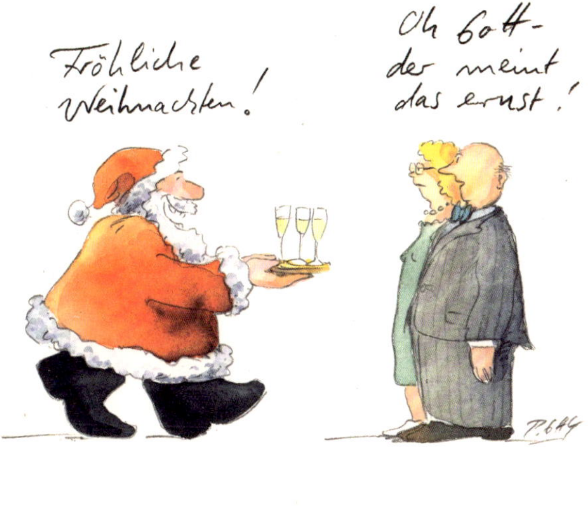

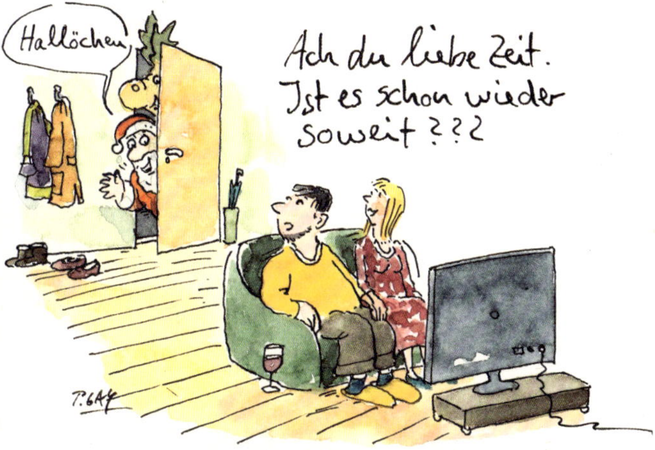
Hallöchen
Ach du liebe Zeit.
Jst es schon wieder
soweit ???
P. GAY

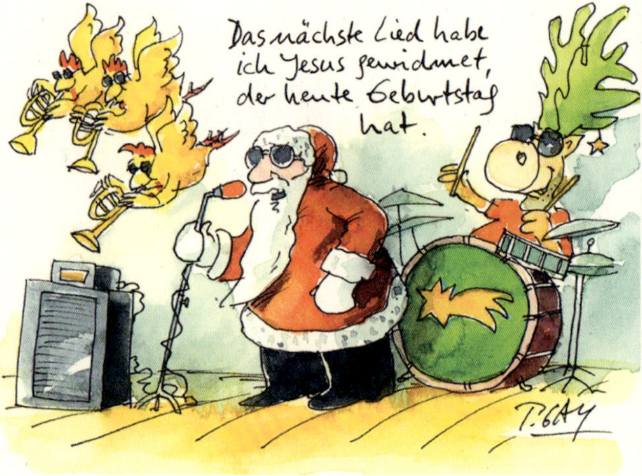
Das nächste Lied habe ich Jesus gewidmet, der heute Geburtstag hat.
P. GAY

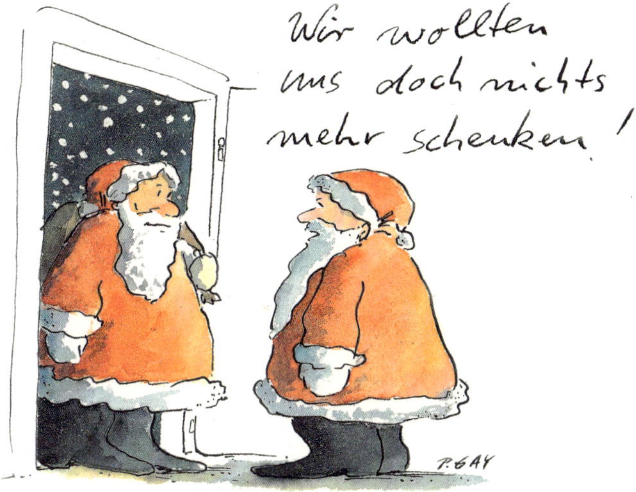
Wir wollten uns doch nichts mehr schenken!
P. GAY

Einmal im Jahr ist einfach zu wenig. – Wir sollten uns ruhig öfter sehen!

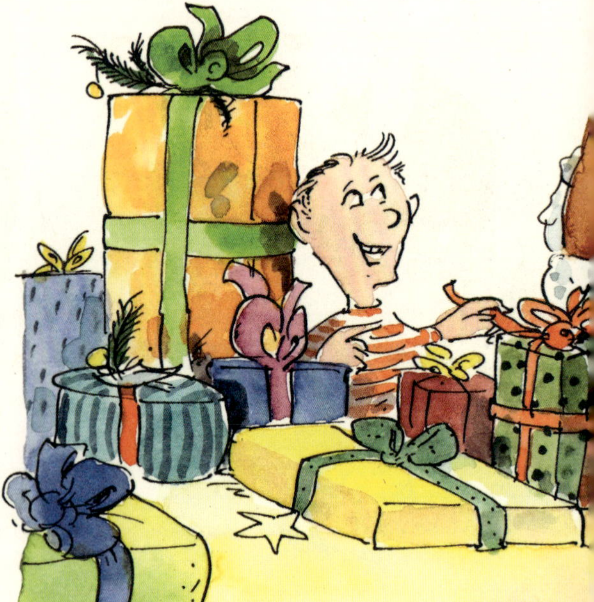

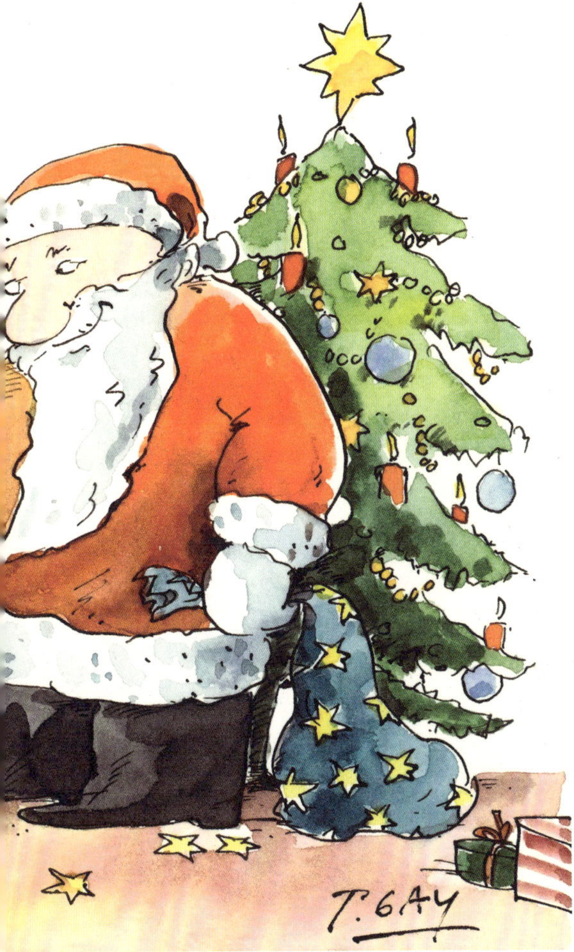
T. GAY

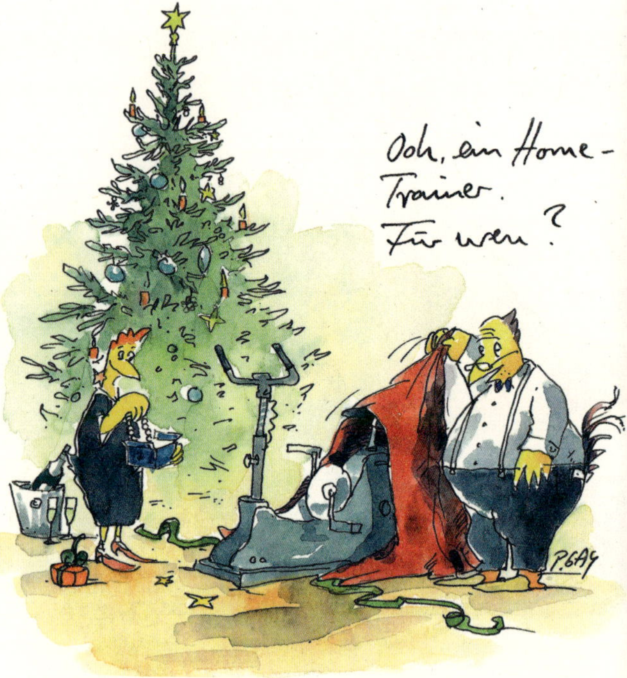
Ooh, ein Home-
Trainer.
Für wen?
P. GAY

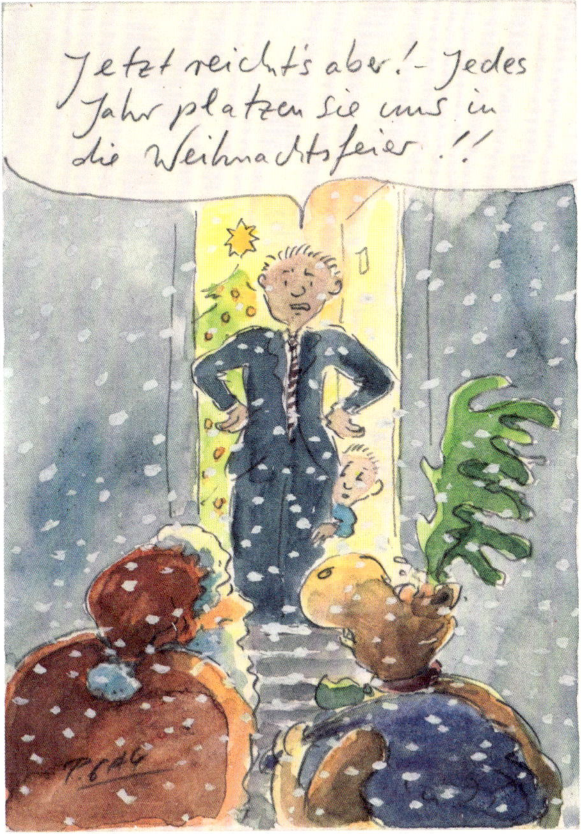
Jetzt reicht's aber! – Jedes Jahr platzen sie uns in die Weihnachtsfeier!!

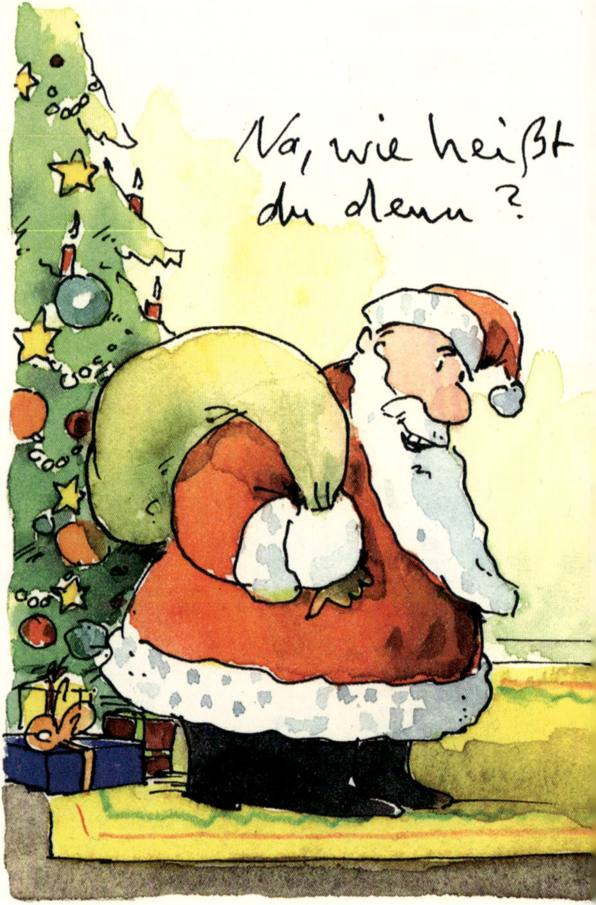
Na, wie heißt du denn?

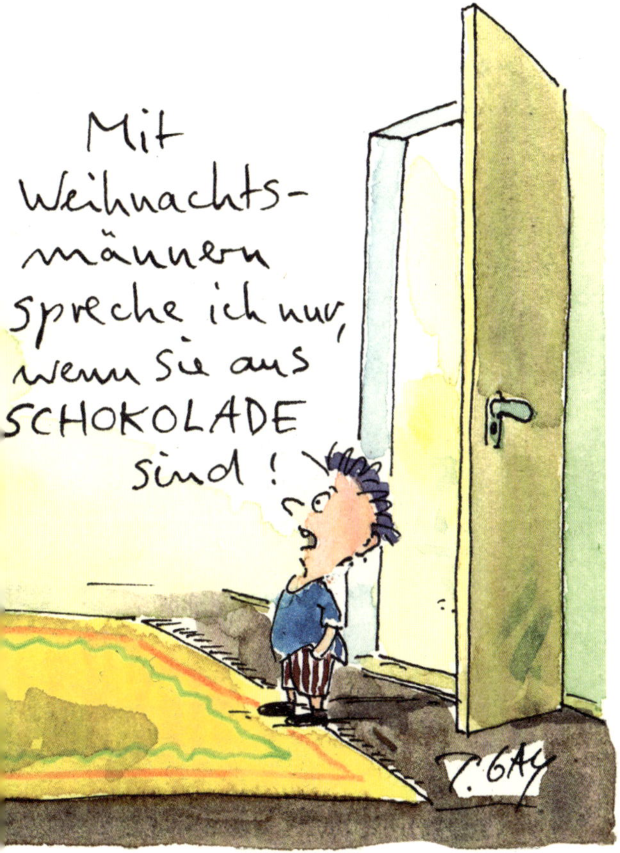
Mit Weihnachts-männern spreche ich nur, wenn sie aus SCHOKOLADE sind!
P. GAY

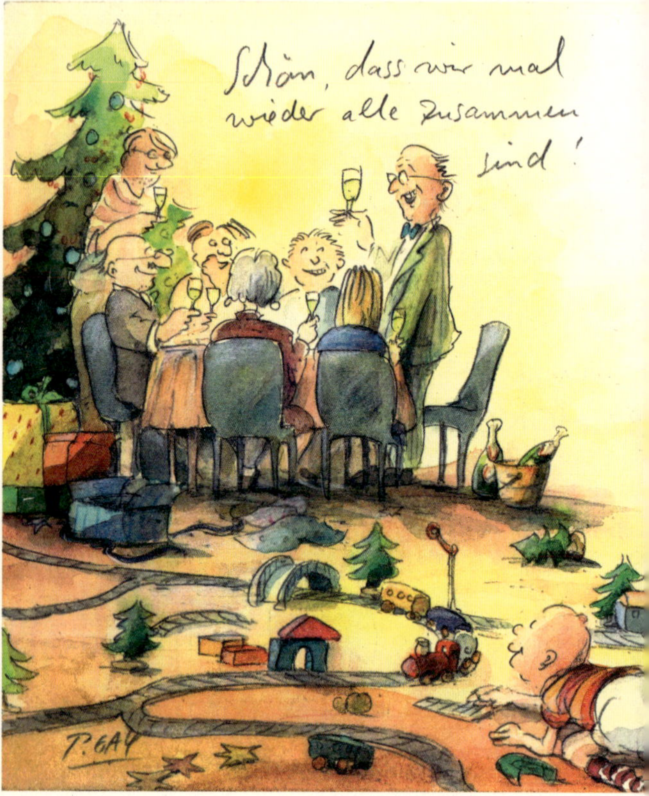
Schön, dass wir mal wieder alle zusammen sind!
P. GAY

Wenn Papi lügt,
dann ist Weihnachten!

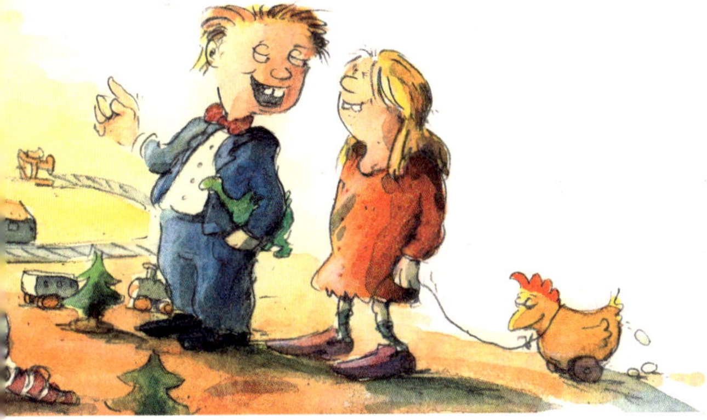

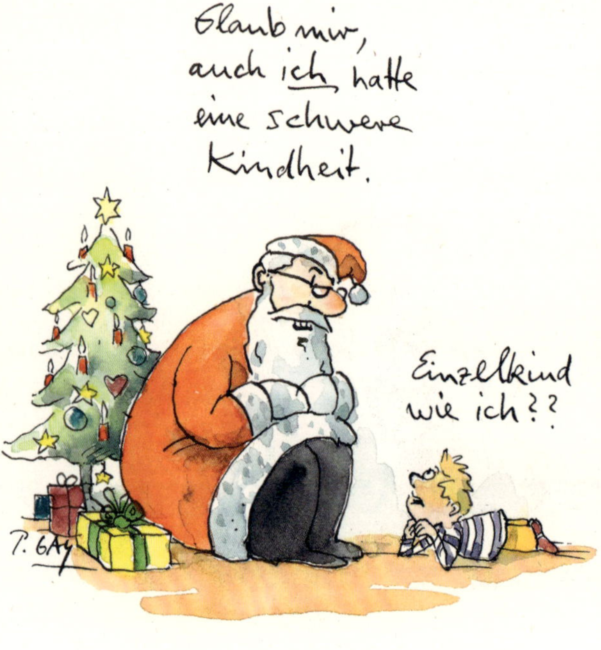
Glaub mir,
auch ich hatte
eine schwere
Kindheit.
Einzelkind
wie ich??
P. GAY

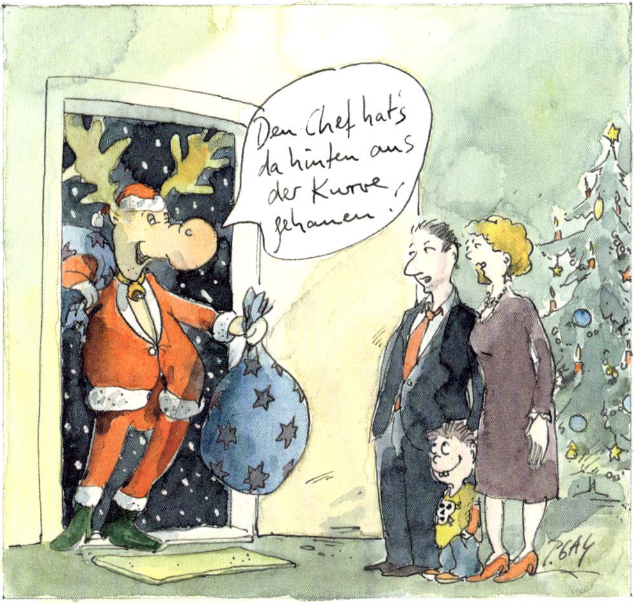
Den Chef hat's da hinten aus der Kurve gehauen!

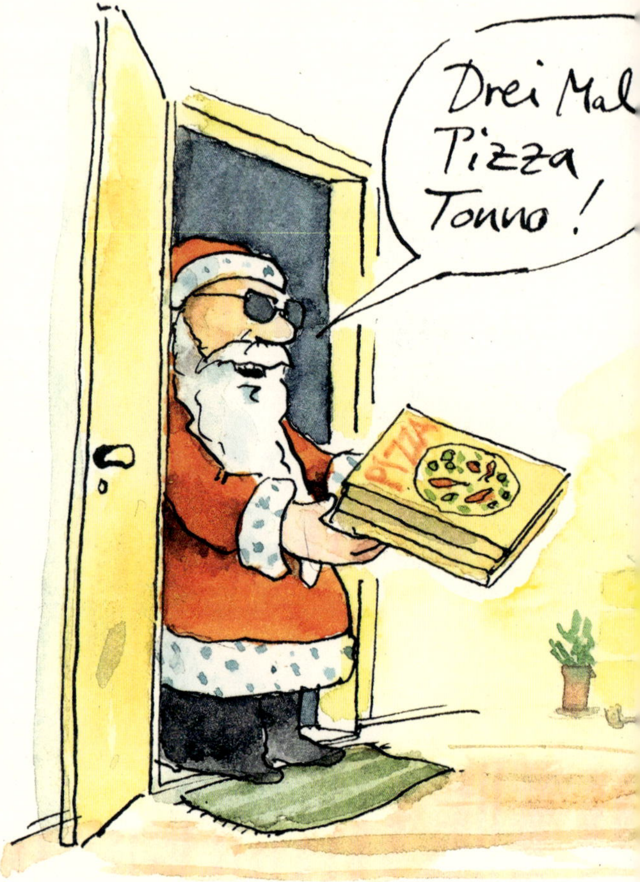
Drei Mal
Pizza
Tonno!
PIZZA

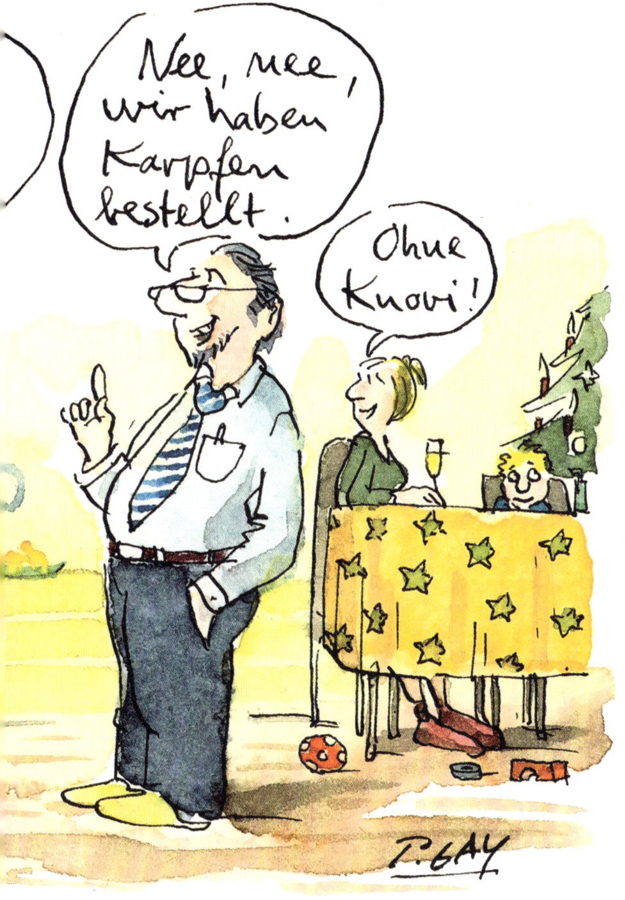
Nee, nee, wir haben Karpfen bestellt.
Ohne Knovi!
P. GAY

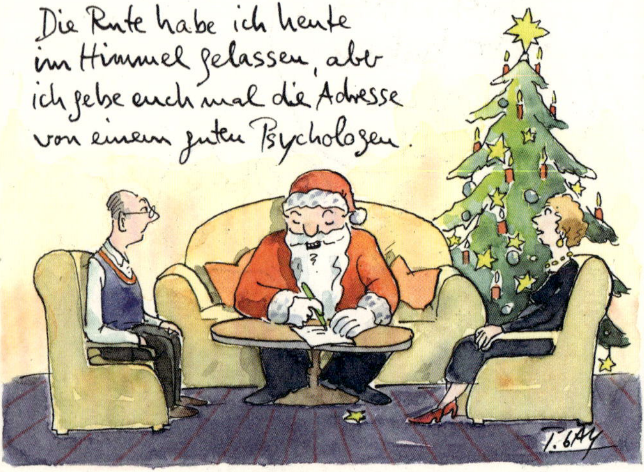
Die Rute habe ich heute
im Himmel gelassen, aber
ich gebe euch mal die Adresse
von einem guten Psychologen.

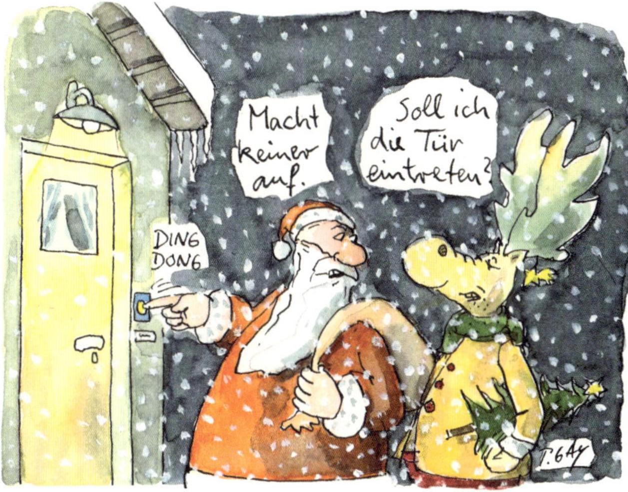
DING
DONG
Macht keiner auf.
Soll ich die Tür eintreten?
T. GAY

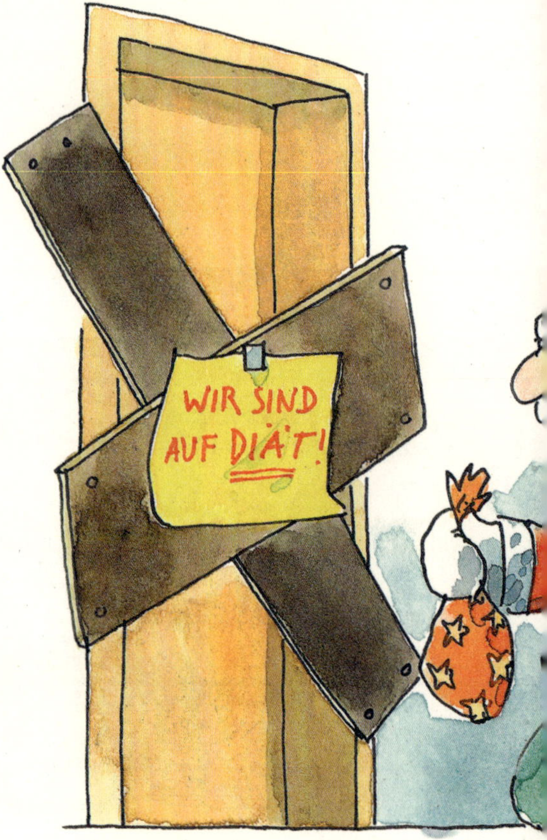
WIR SIND
AUF DIÄT!

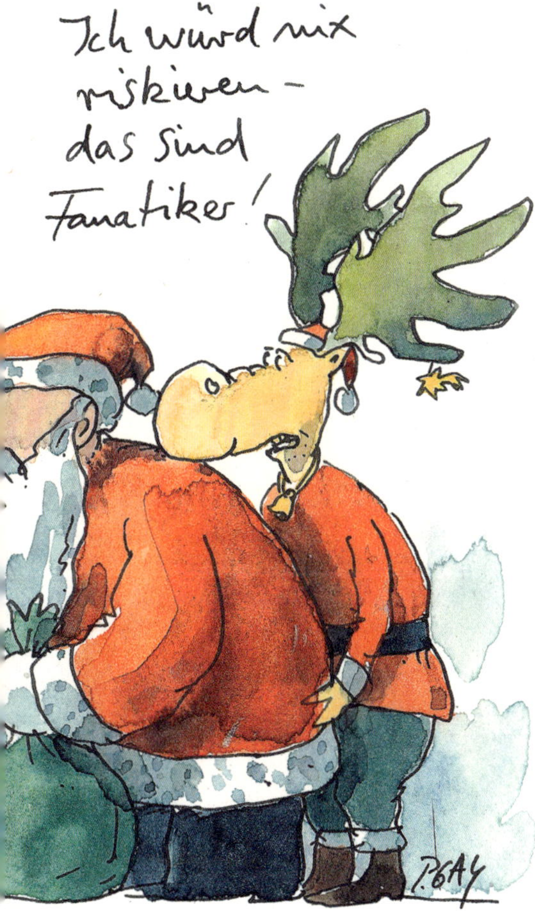
Ich würd nix riskieren – das sind Fanatiker!
P.GAY

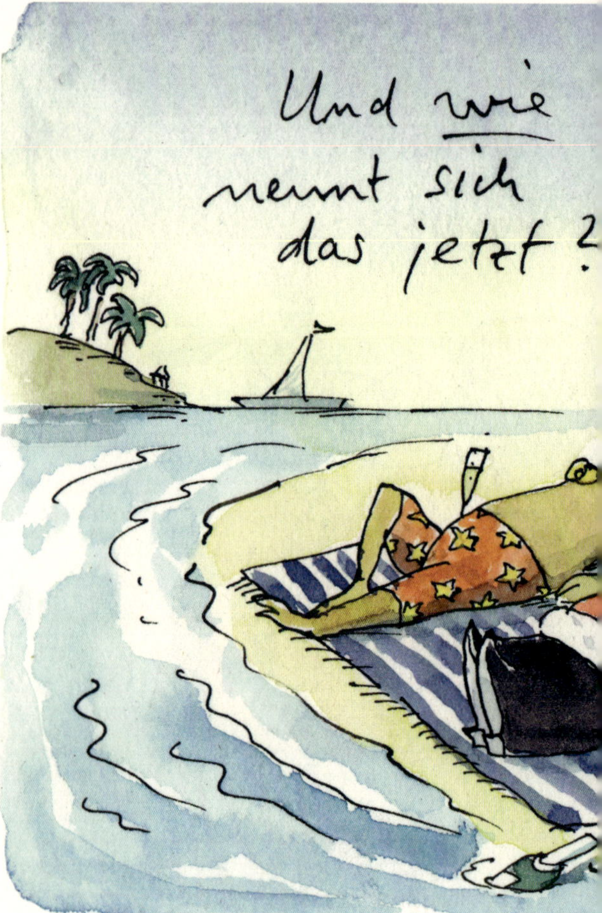
Und wie
nennt sich
das jetzt?

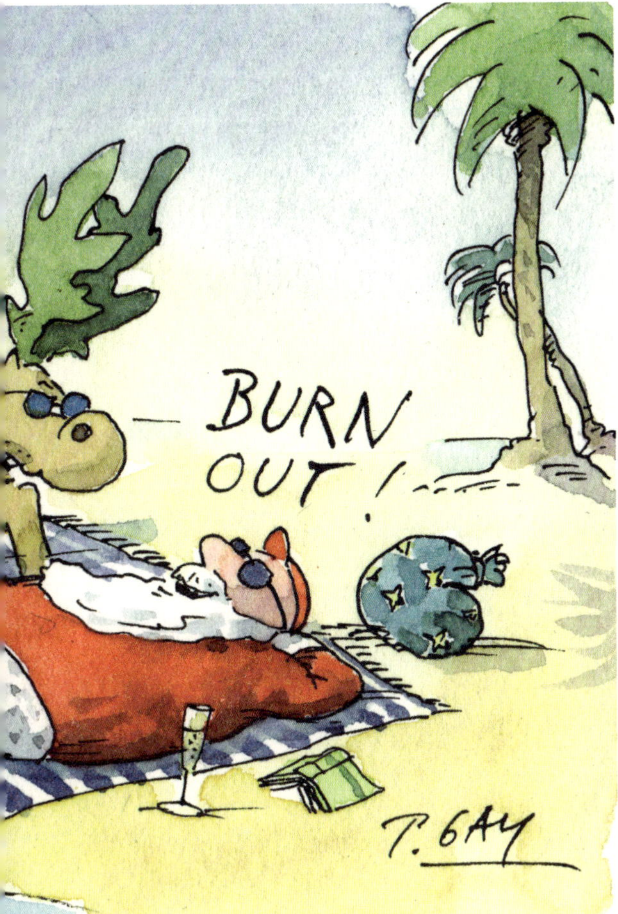
BURN
OUT!
T. GAY

Ihr Kinderlein, kommet

Kleine Leute
mit großen Erwartungen

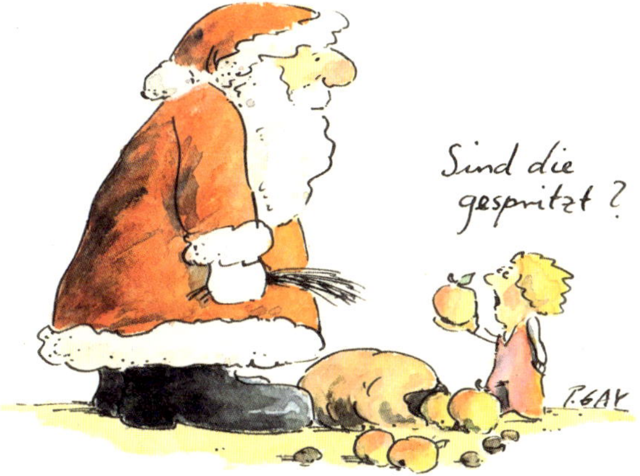

Einmal sollst du sogar
wörtlich gesagt haben:
Dieses ganze Leben
ist doch eine einzige
Psychokacke!

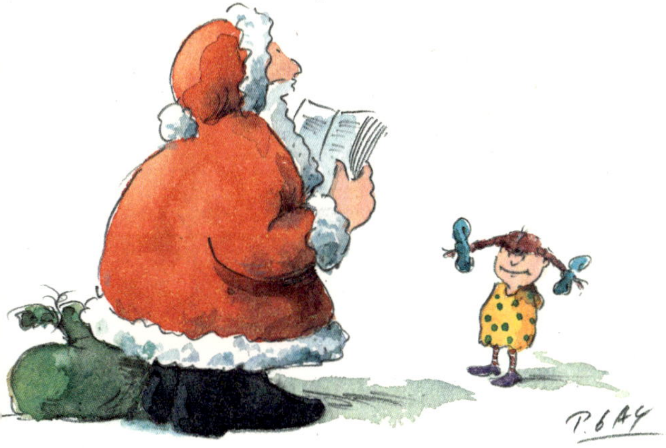

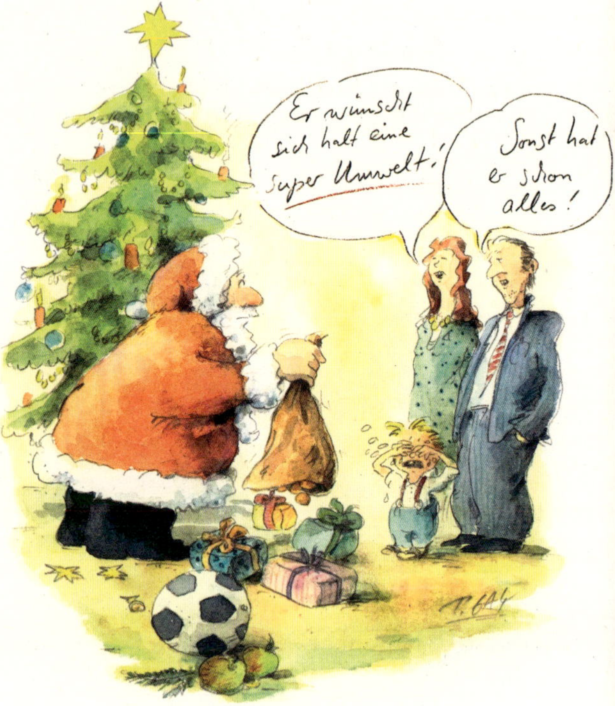
Er wünscht sich halt eine super Umwelt!
Sonst hat er schon alles!

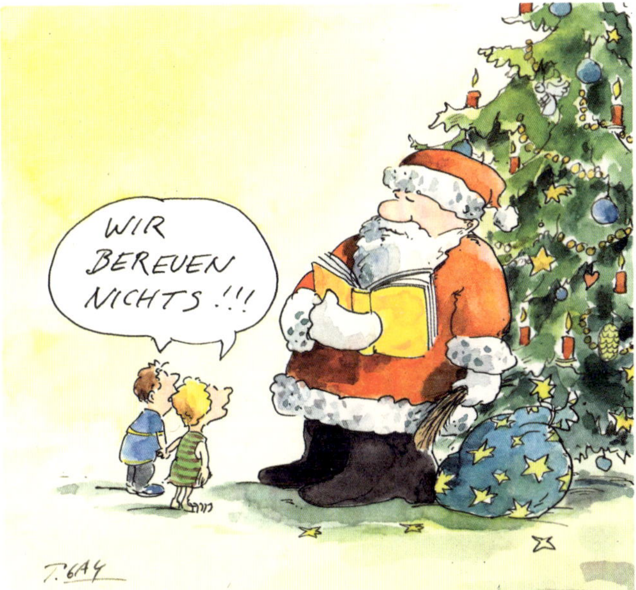
WIR BEREUEN NICHTS !!!
T. GAY

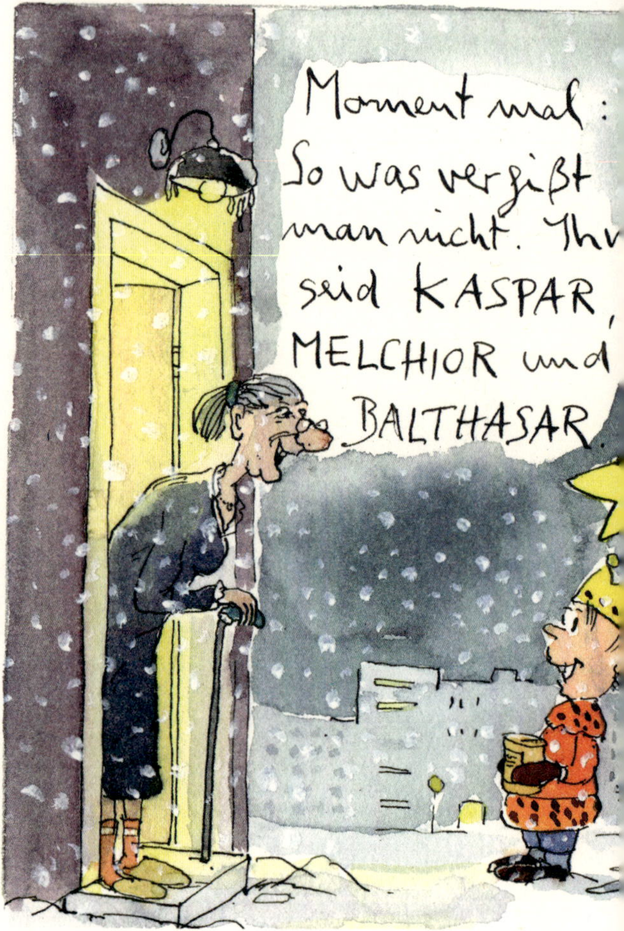
Moment mal:
So was vergißt
man nicht. Ihr
seid KASPAR,
MELCHIOR und
BALTHASAR.

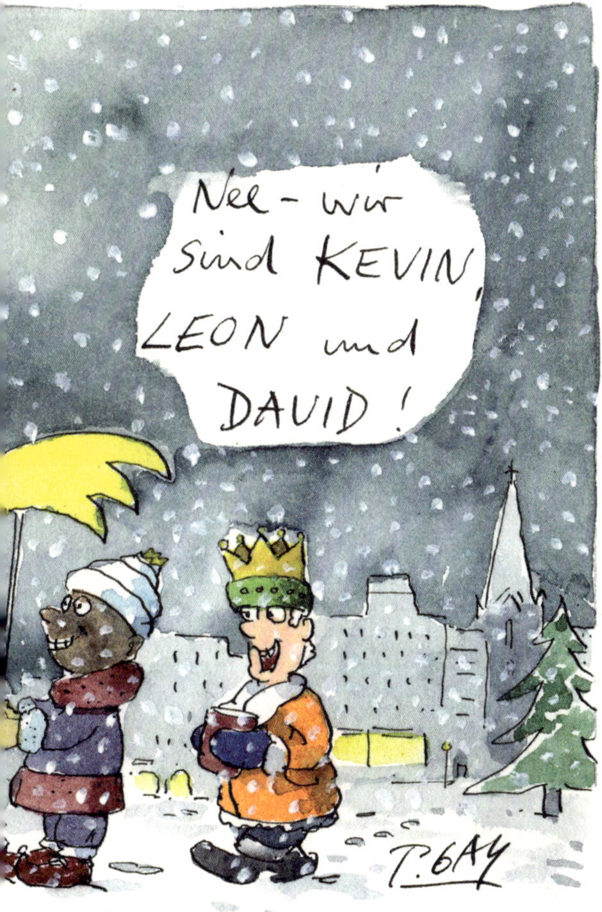
Nee – wir sind KEVIN, LEON und DAVID!
P. GAY

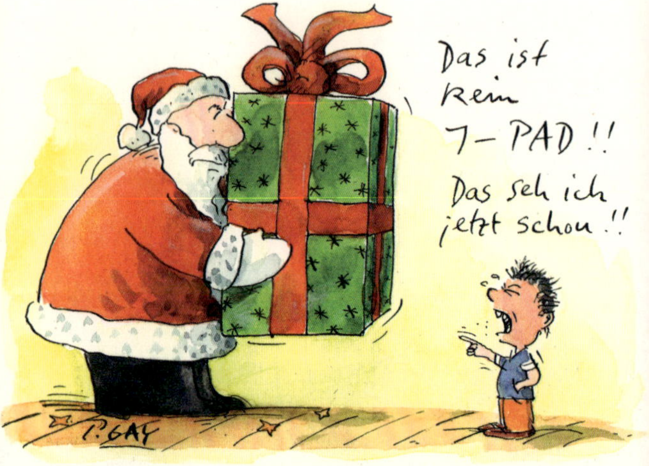
Das ist kein I-PAD!!
Das seh ich jetzt schon!!
P. GAY

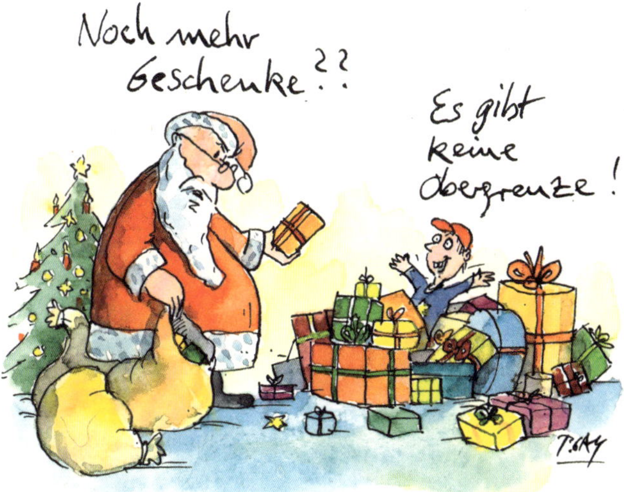
Noch mehr Geschenke??
Es gibt keine Obergrenze!
T.GAY

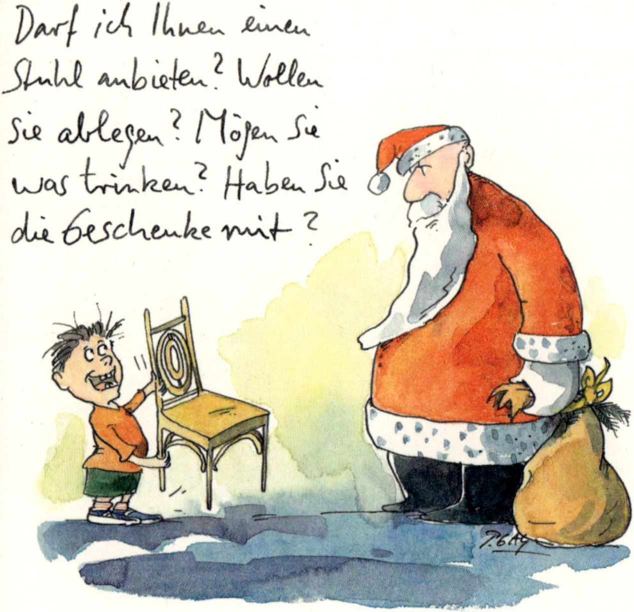
Darf ich Ihnen einen Stuhl anbieten? Wollen Sie ablegen? Mögen Sie was trinken? Haben Sie die Geschenke mit?
P. GAY

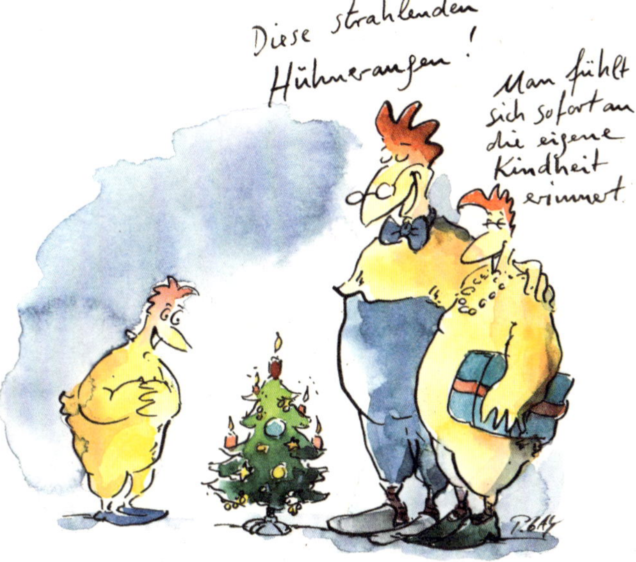
Diese strahlenden Hühneraugen!
Man fühlt sich sofort an die eigene Kindheit erinnert.

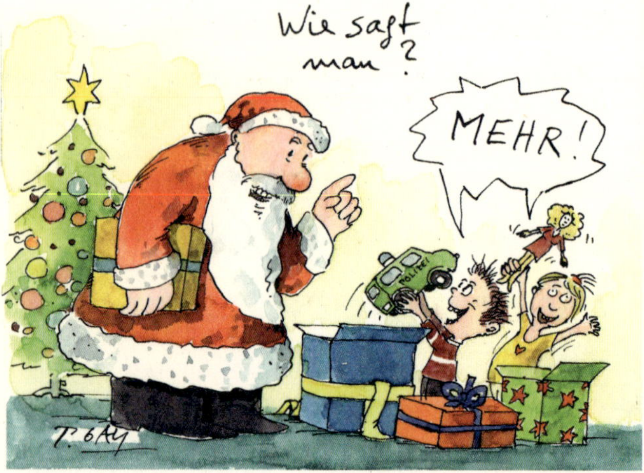
Wie sagt man?
MEHR!
POLIZEI
T. GAY

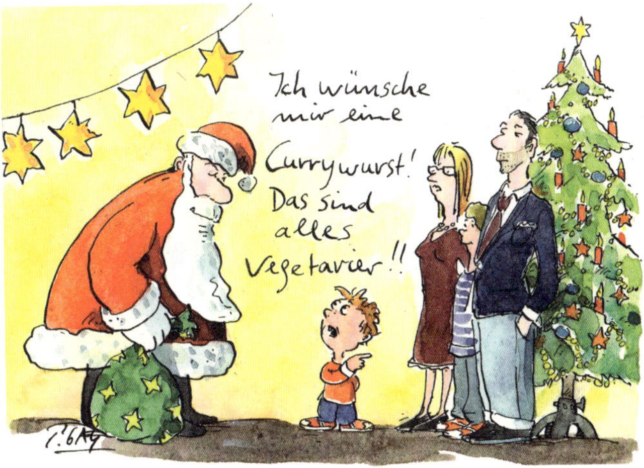
Ich wünsche mir eine Currywurst! Das sind alles Vegetarier!!

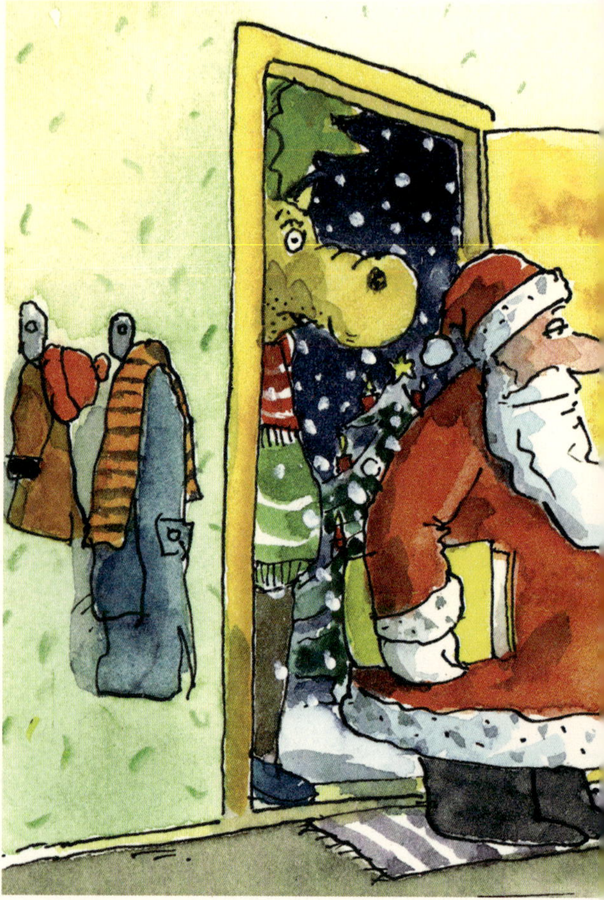

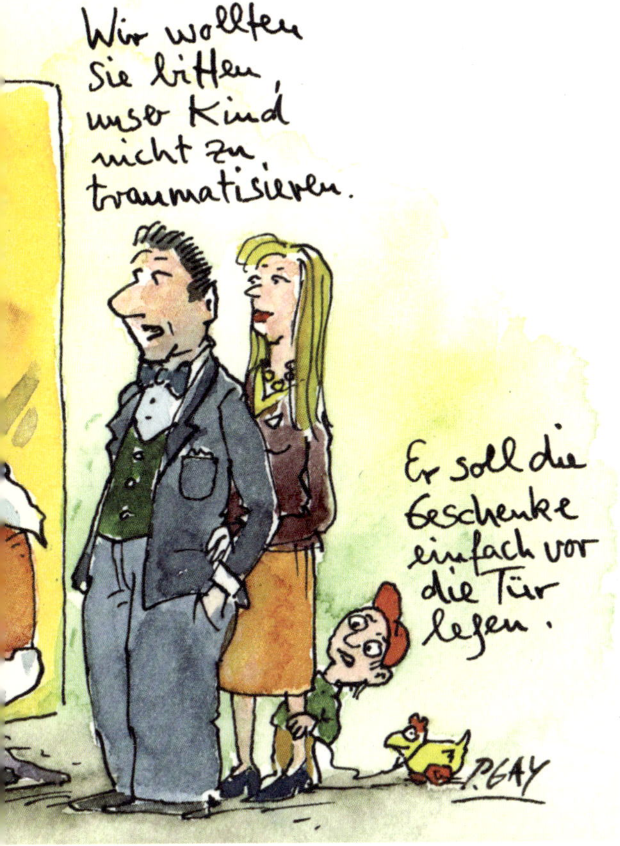
Wir wollten sie bitten, unser Kind nicht zu traumatisieren.
Er soll die Geschenke einfach vor die Tür legen.
P. GAY

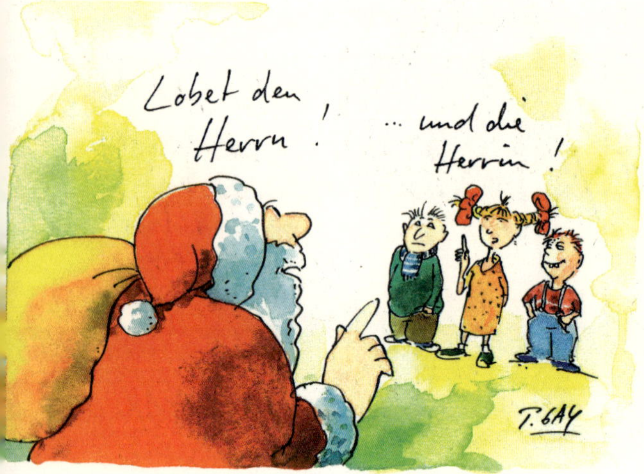
Lobet den Herrn!
... und die Herrin!
T. GAY

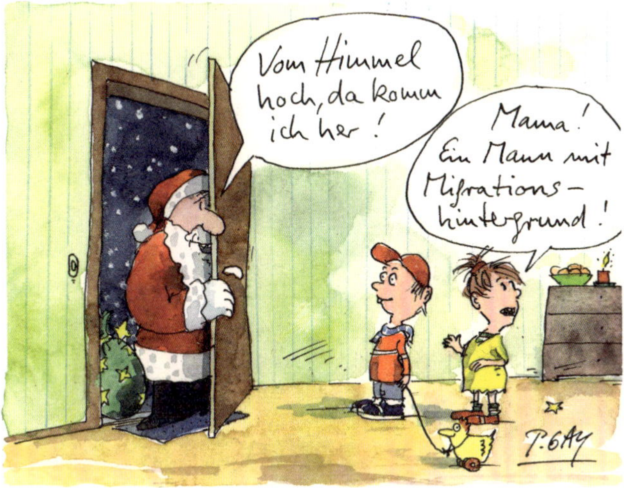
Vom Himmel hoch, da komm ich her!
Mama! Ein Mann mit Migrations-hintergrund!
P. GAY

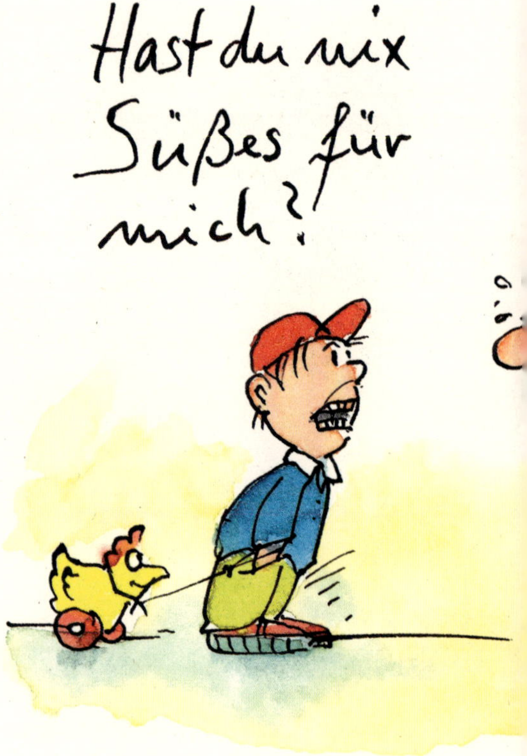
Hast du nix Süßes für mich?!

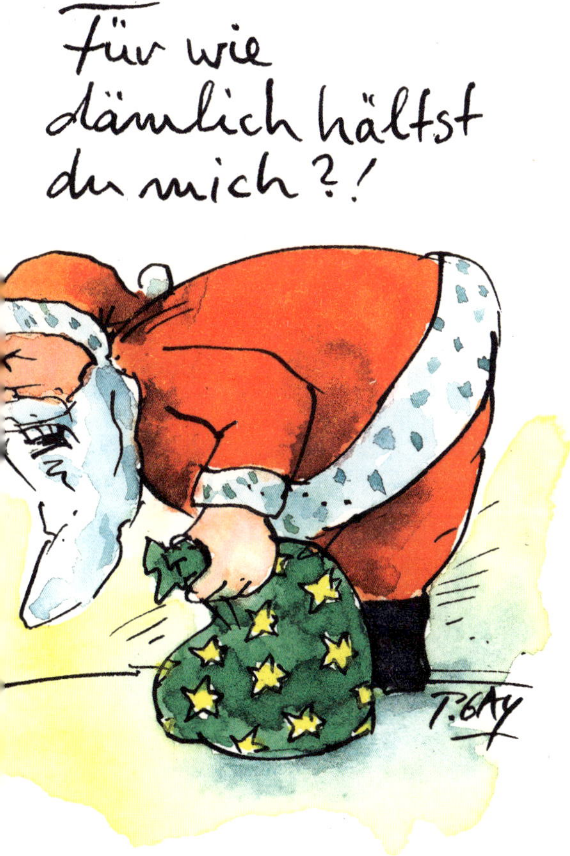
Für wie dämlich hältst du mich?!
P. GAY

Kling, Glöckchen, klingelingeling

Schöne neue
Weihnachtswelt

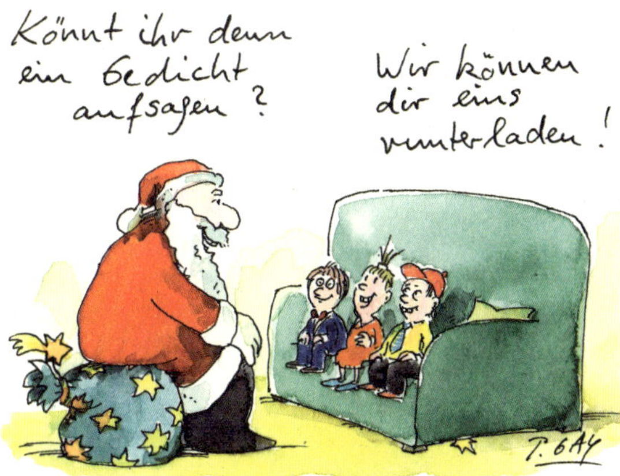

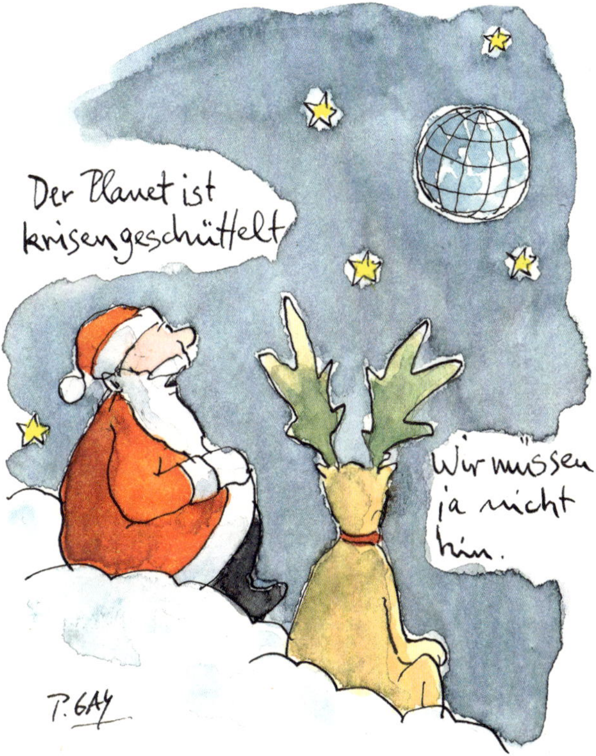
Der Planet ist krisengeschüttelt
Wir müssen ja nicht hin.
P. GAY

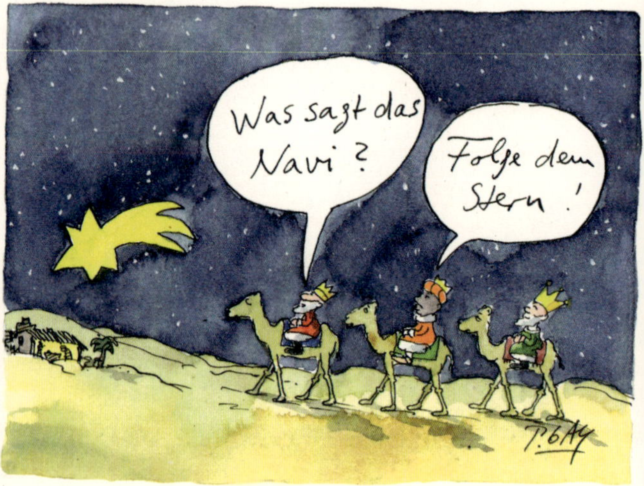
Was sagt das Navi?
Folge dem Stern!
P. GAY

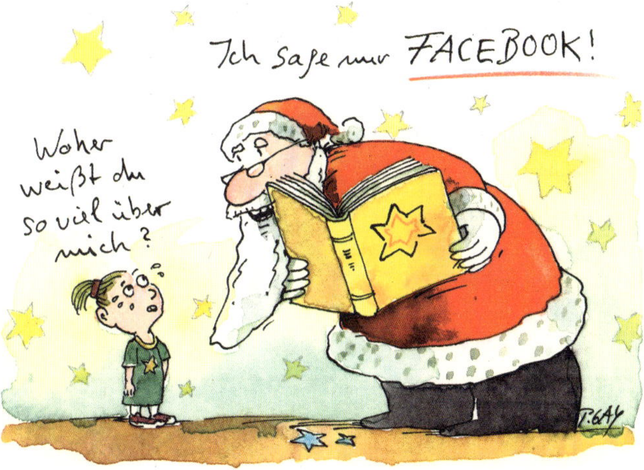
Ich sage nur FACEBOOK!
Woher weißt du so viel über mich?
T. GAY

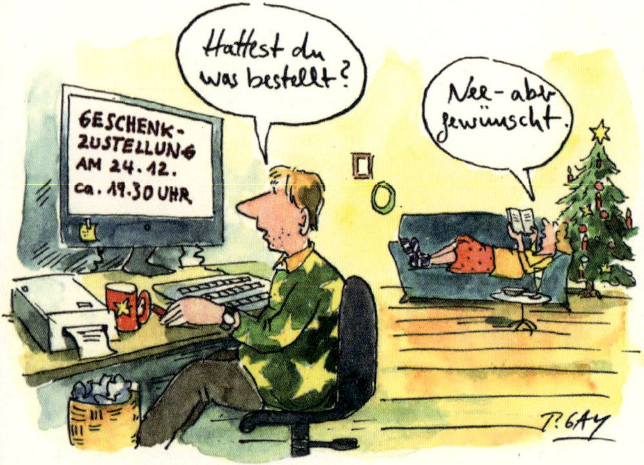
GESCHENK-
ZUSTELLUNG
AM 24.12.
ca. 19.30 UHR
Hattest du
was bestellt?
Nee – aber
gewünscht.
P. GAY

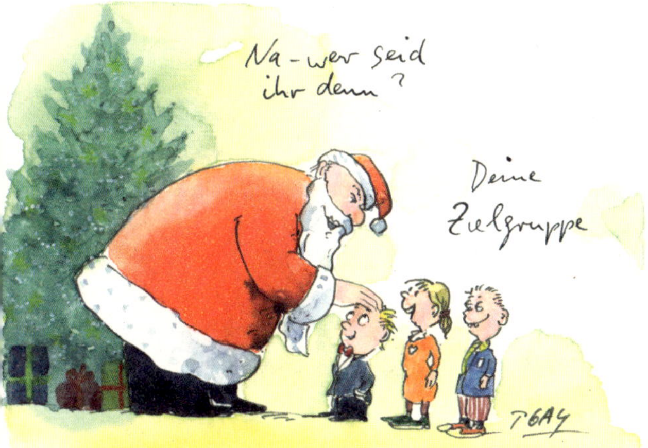
Na - wer seid ihr denn?
Deine Zielgruppe
TGAY

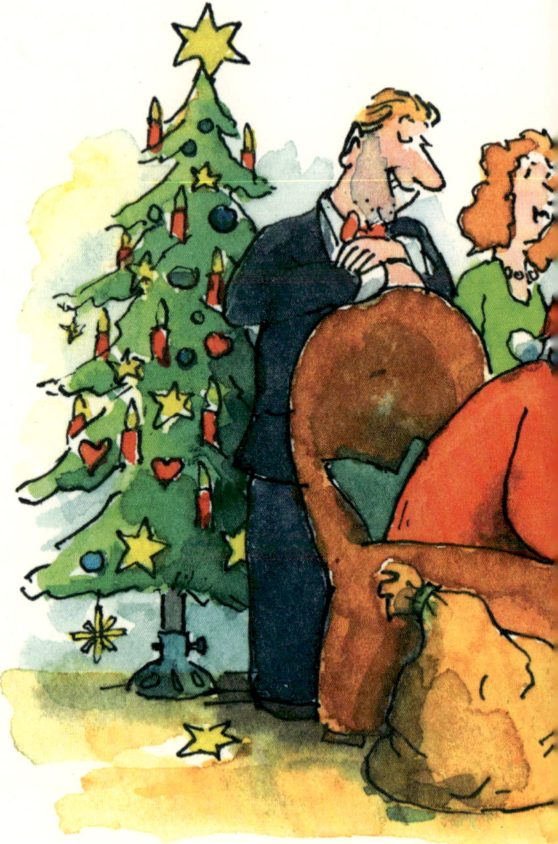

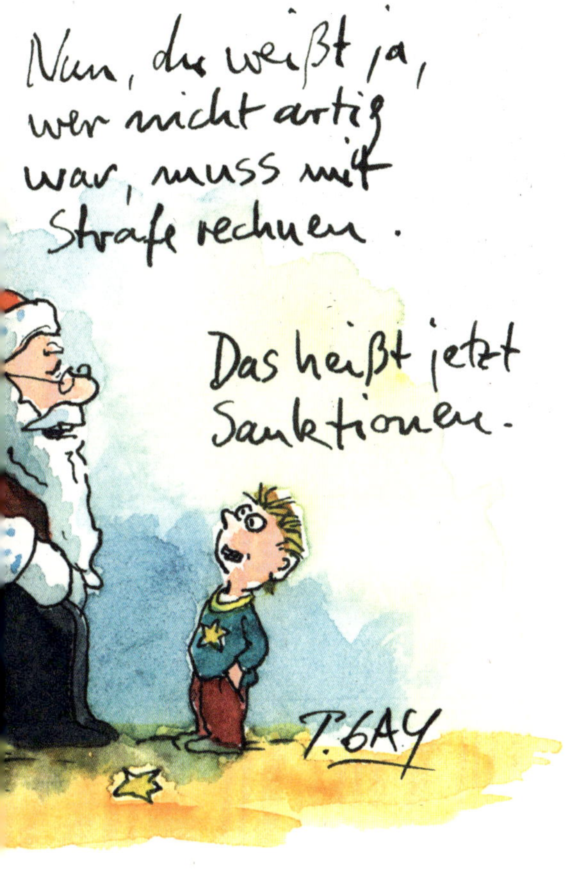
Nun, du weißt ja, wer nicht artig war, muss mit Strafe rechnen.
Das heißt jetzt Sanktionen.
T. GAY

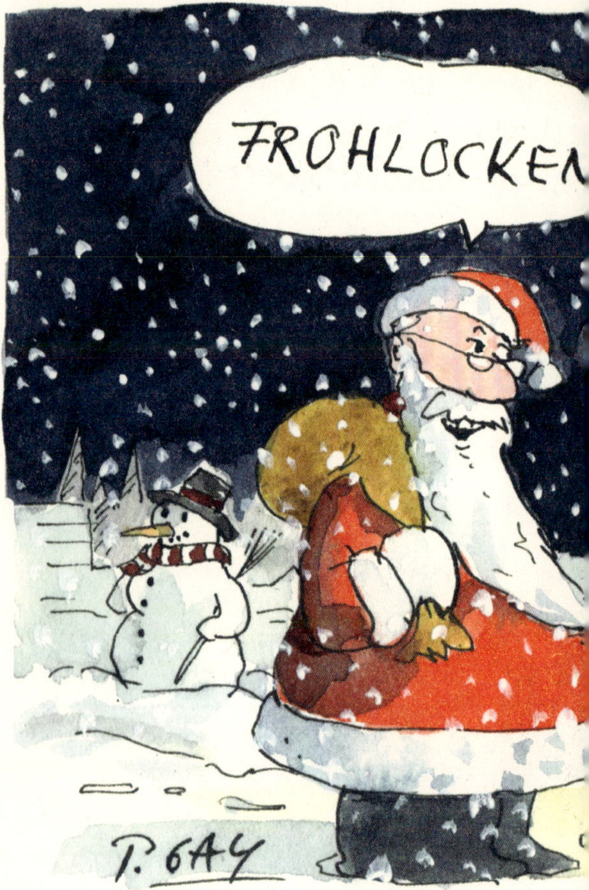
FROHLOCKEN
P. GAY

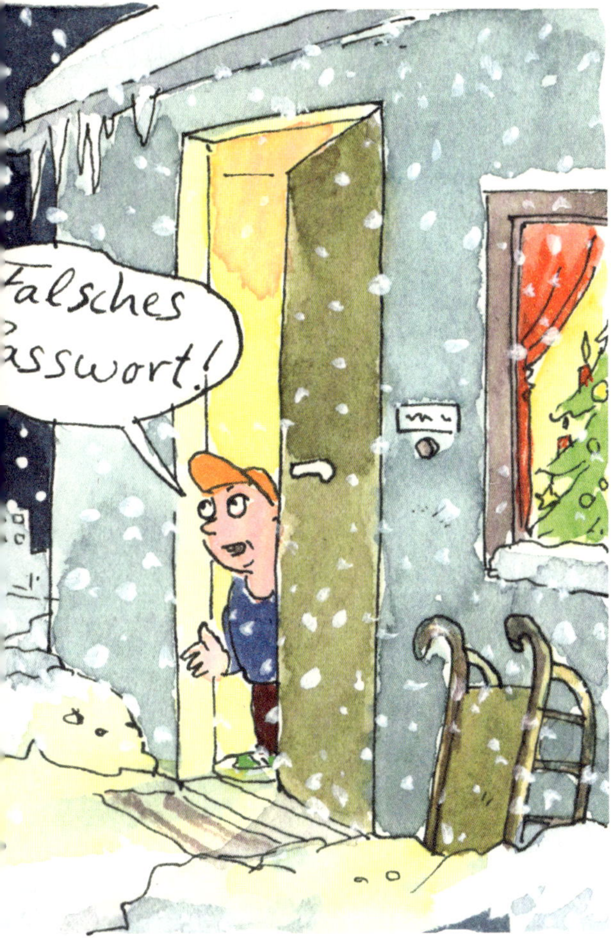
Falsches
asswort!

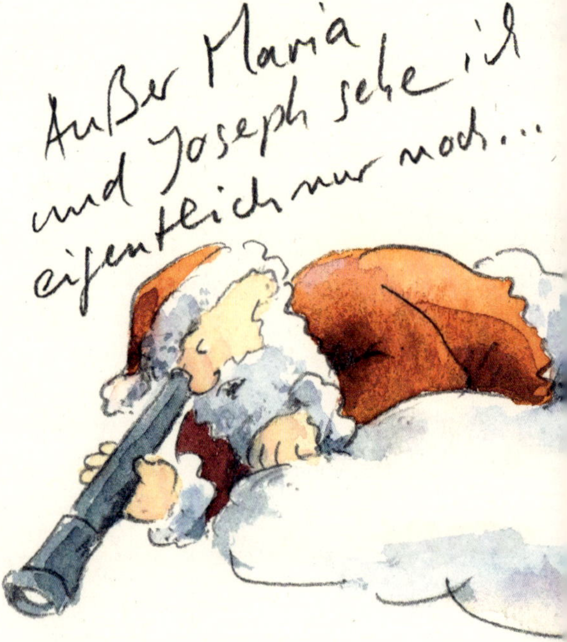
Außer Maria und Joseph sehe ich eigentlich nur noch…

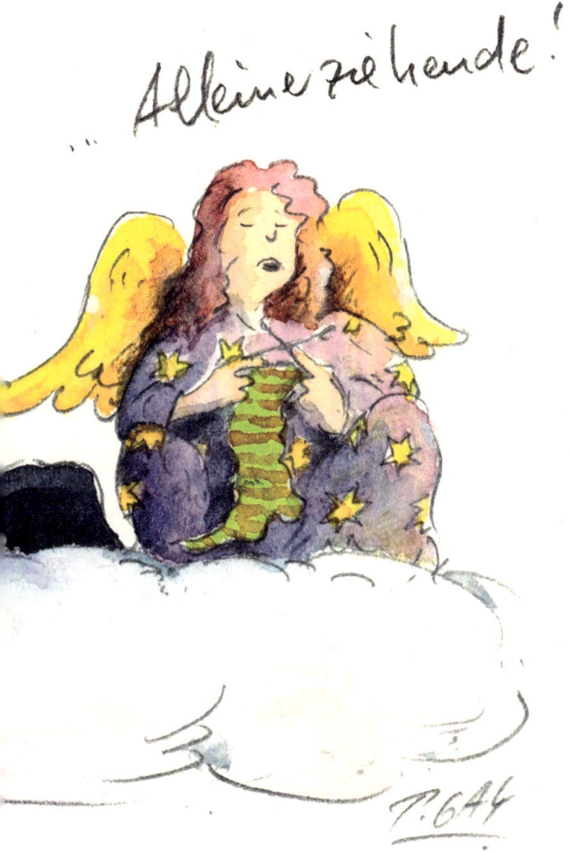
... Alleinerziehende!
P. GAY

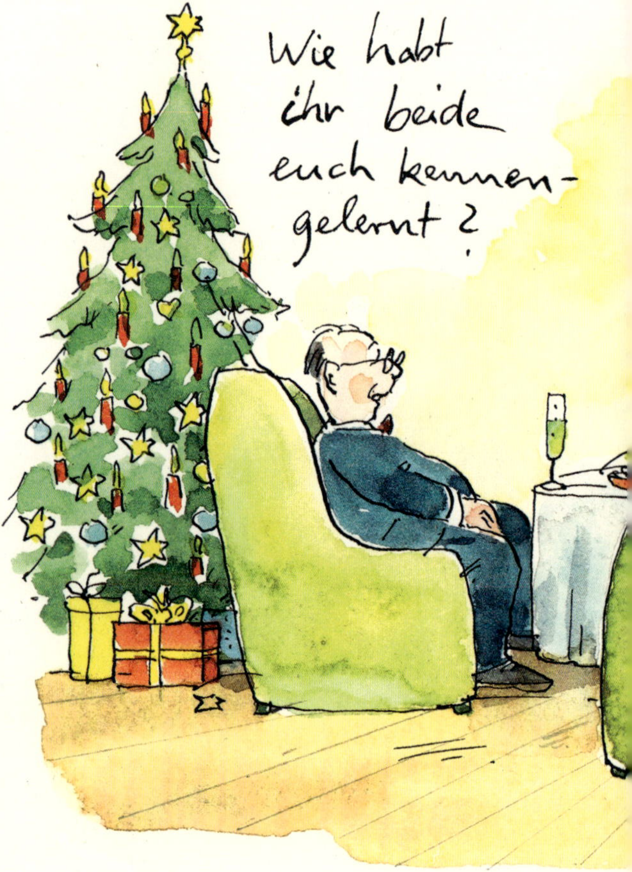
Wie habt
ihr beide
euch kennen-
gelernt?

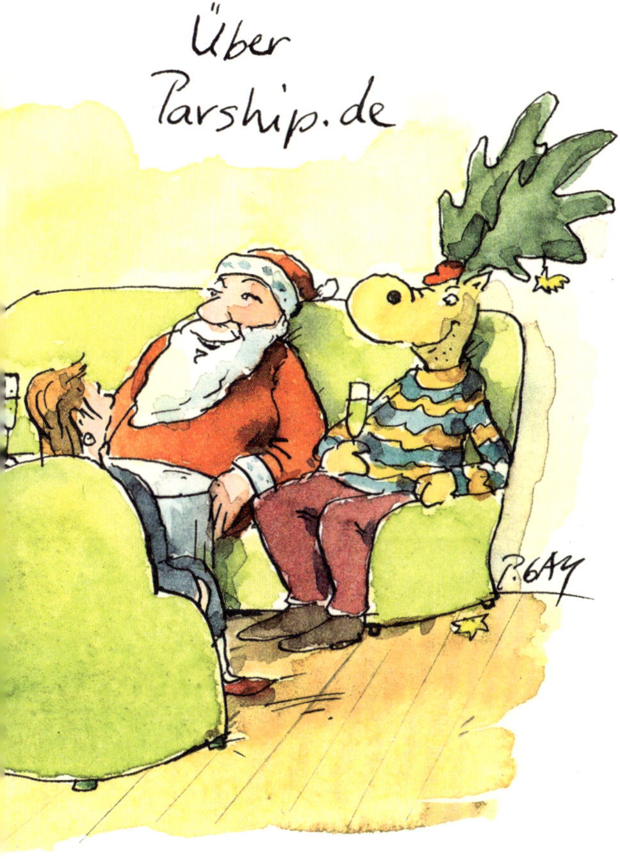
Über
Parship.de
P. GAY

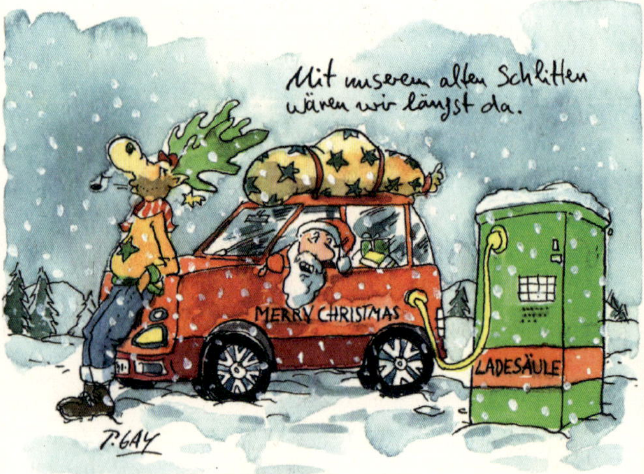
Mit unserem alten Schlitten wären wir längst da.
MERRY CHRISTMAS
LADESÄULE
P. GAY

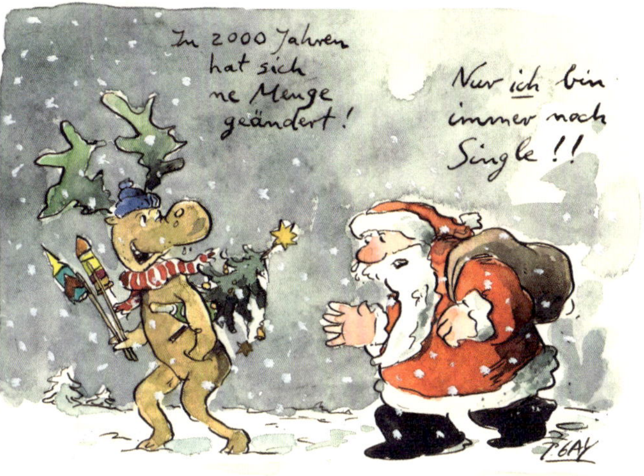
In 2000 Jahren hat sich ne Menge geändert!
Nur ich bin immer noch Single!!
TGAY

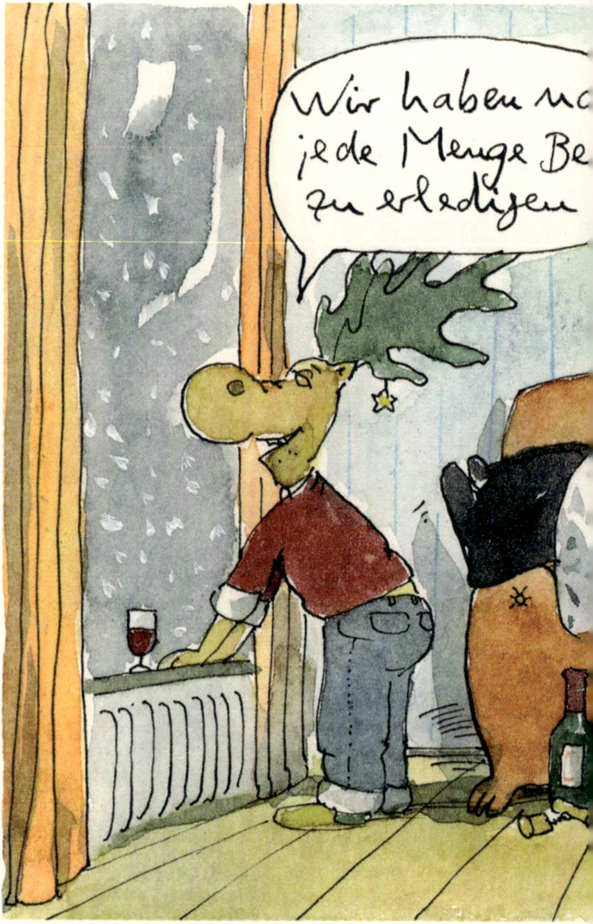
Wir haben
jede Menge
zu erledigen

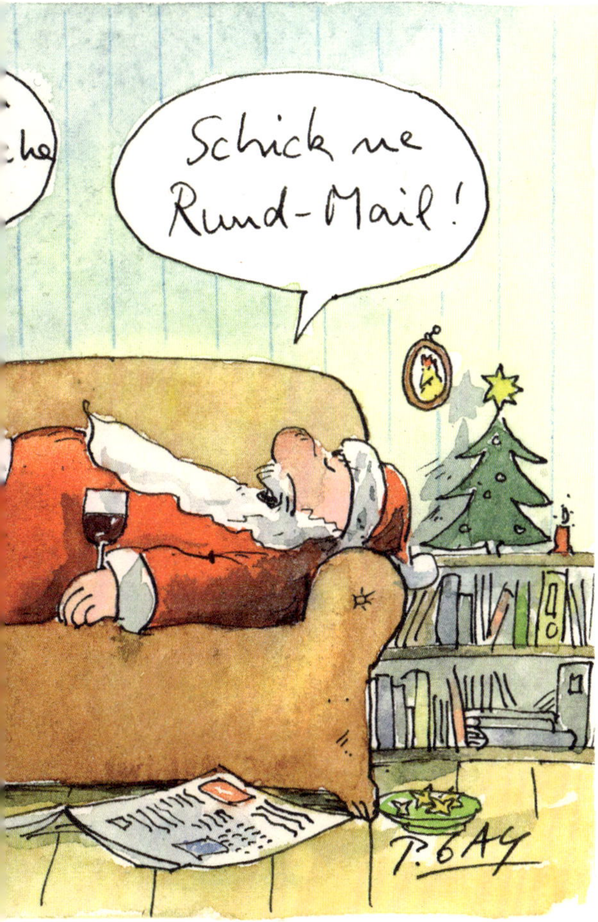
Schick ne Rund-Mail!

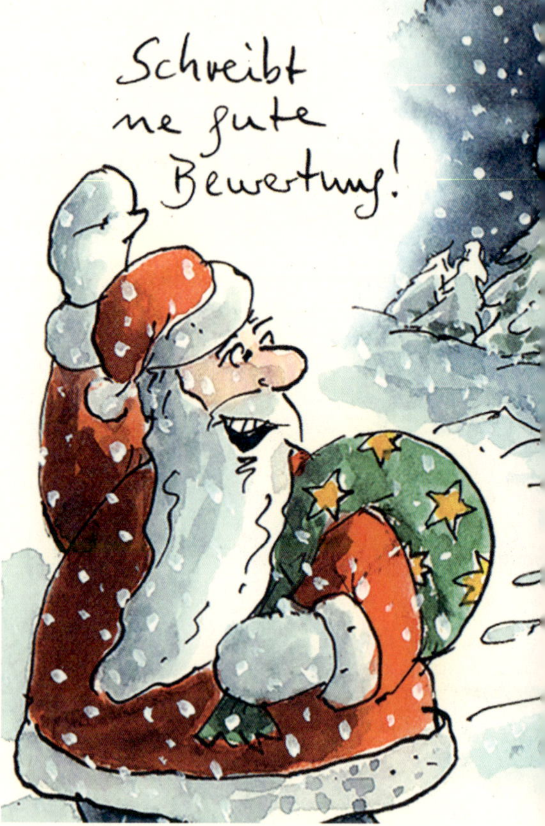
Schreibt
ne gute
Bewertung!

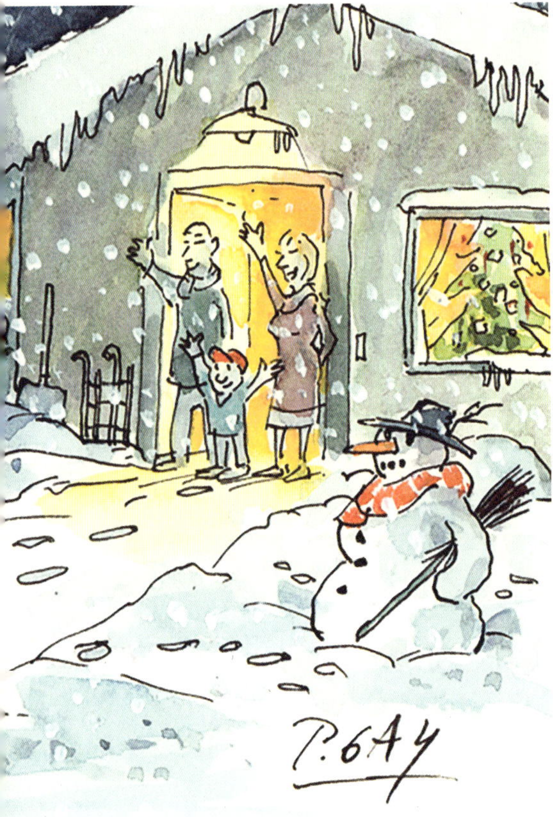
P. GAY

Alle Jahre wieder

Nach dem Fest ist vor dem Fest

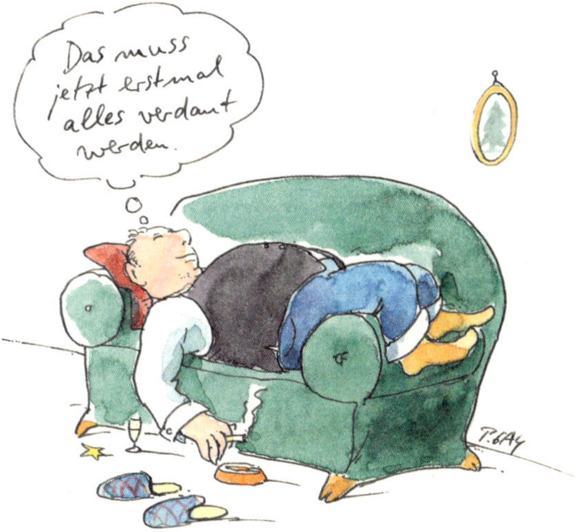

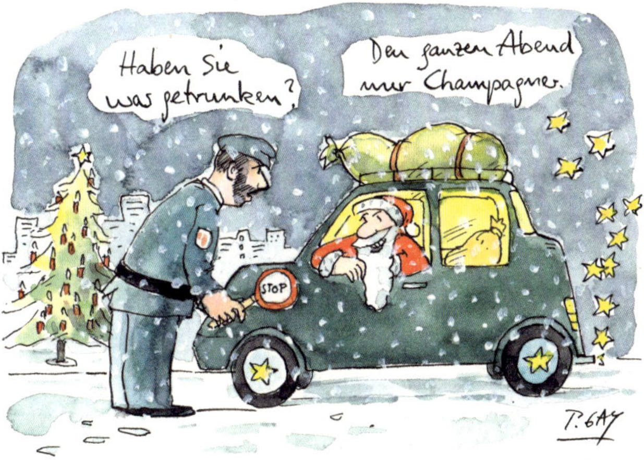
Haben Sie was getrunken?
Den ganzen Abend nur Champagner.
STOP
P. GAY

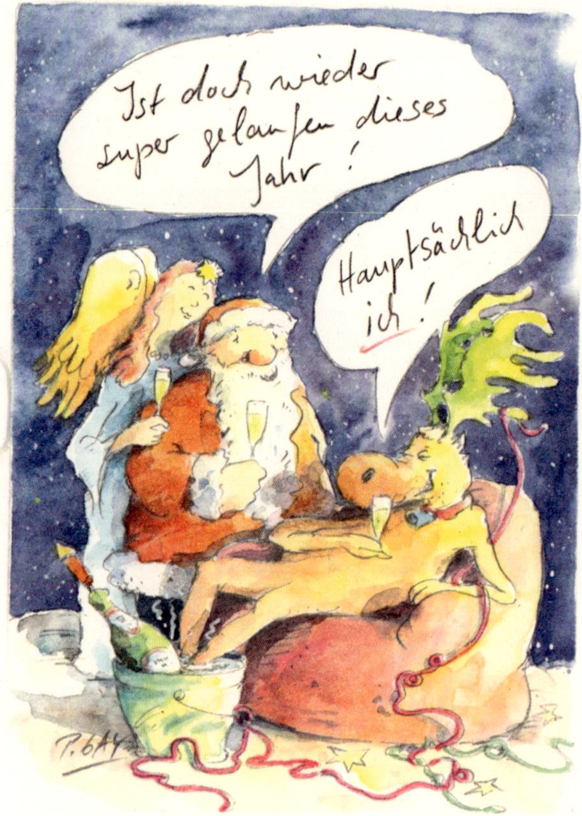
Ist doch wieder super gelaufen dieses Jahr!
Hauptsächlich ich!
P. GAY

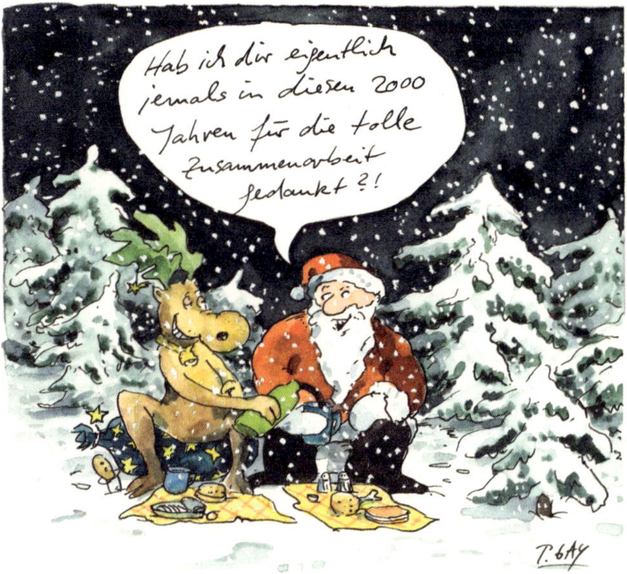
Hab ich dir eigentlich jemals in diesen 2000 Jahren für die tolle Zusammenarbeit gedankt?!
P. GAY

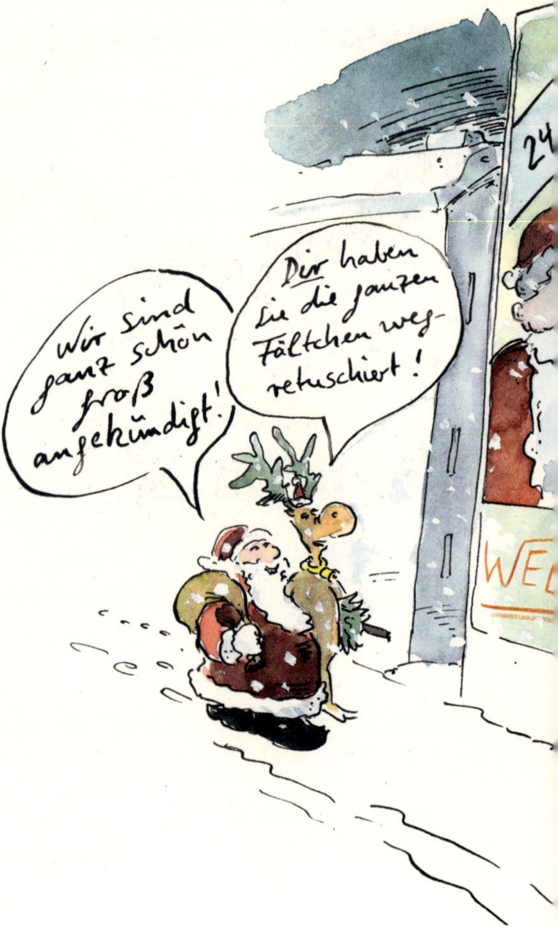
Wir sind ganz schön groß angekündigt!
Dir haben sie die ganzen Fältchen weg-retuschiert!

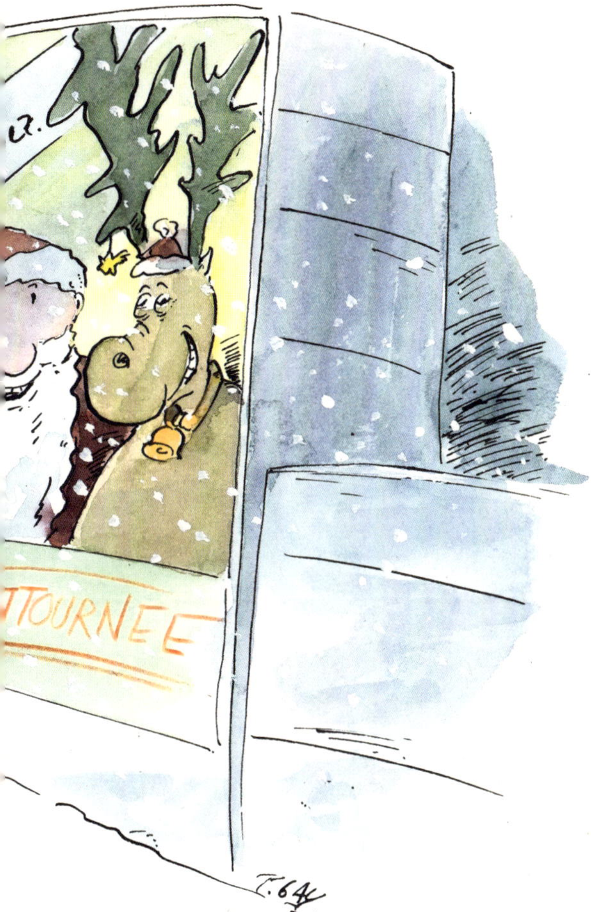
TOURNEE

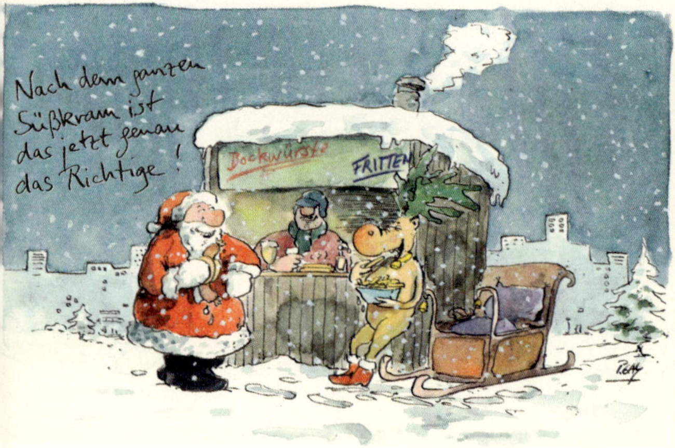
Nach dem ganzen
Süßkram ist
das jetzt genau
das Richtige!
Bockwürste
FRITTEN

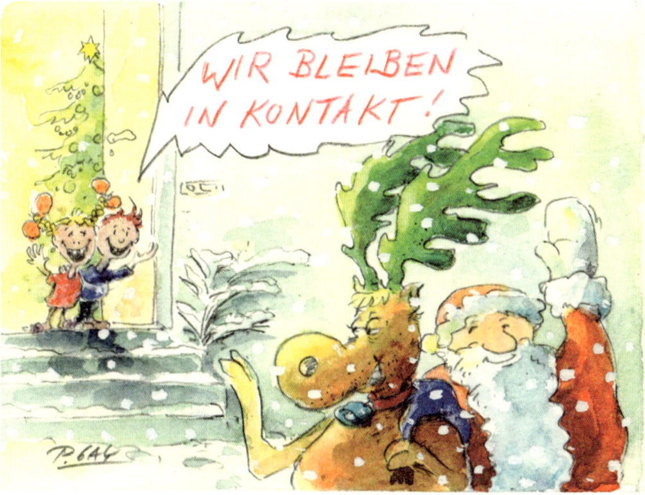
WIR BLEIBEN
IN KONTAKT!
P. GAY

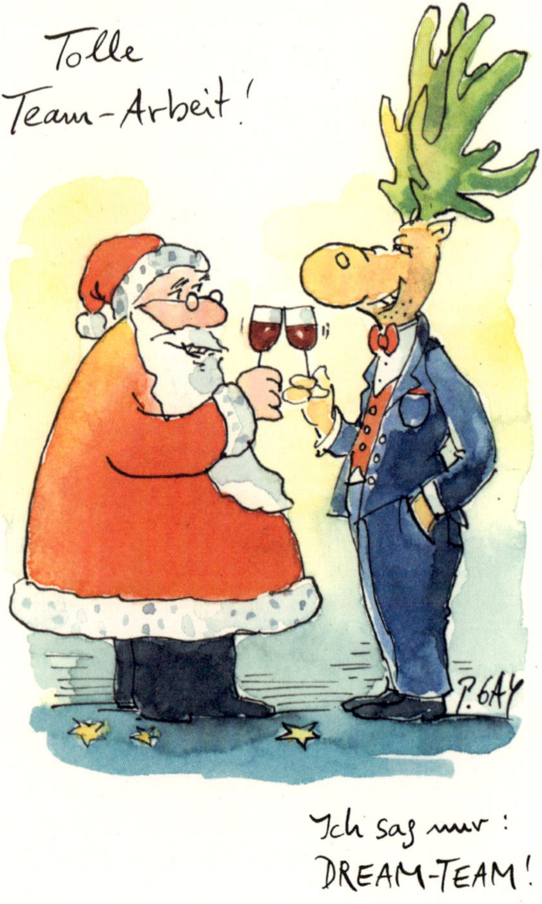
Tolle Team-Arbeit!
Ich sag nur: DREAM-TEAM!
P. GAY

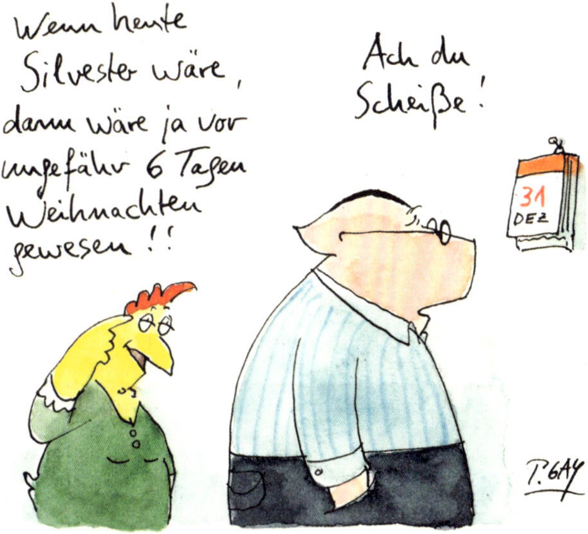
Wenn heute Silvester wäre, dann wäre ja vor ungefähr 6 Tagen Weihnachten gewesen!!
Ach du Scheiße!
31
DEZ
P. GAY

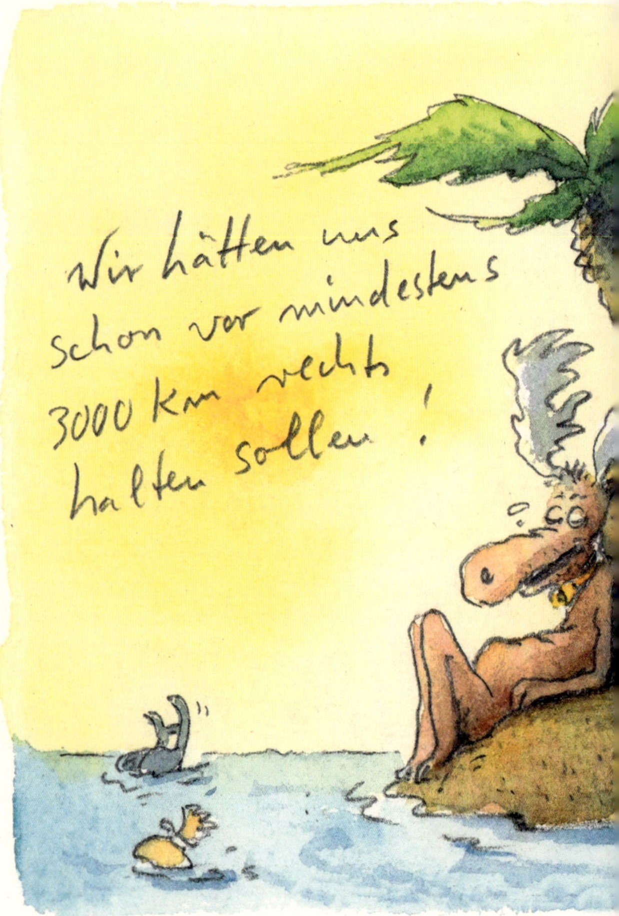
Wir hätten uns
schon vor mindestens
3000 km rechts
halten sollen!

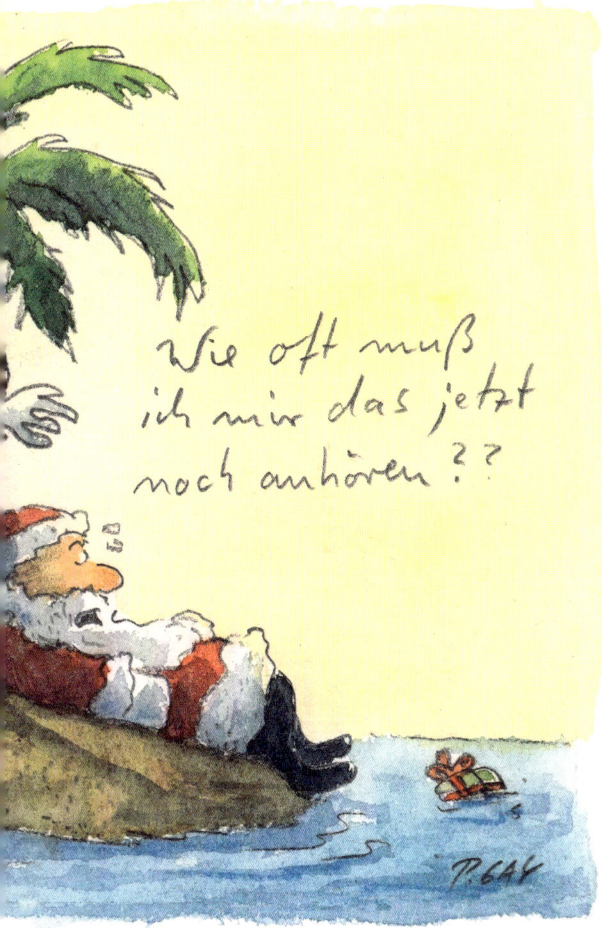
Wie oft muß
ich mir das jetzt
noch anhören??
P. GAY

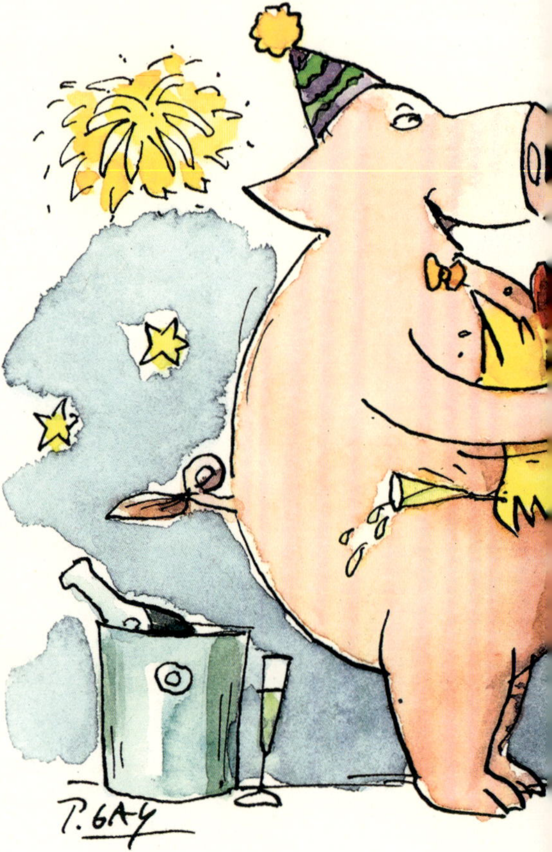
P. GAY

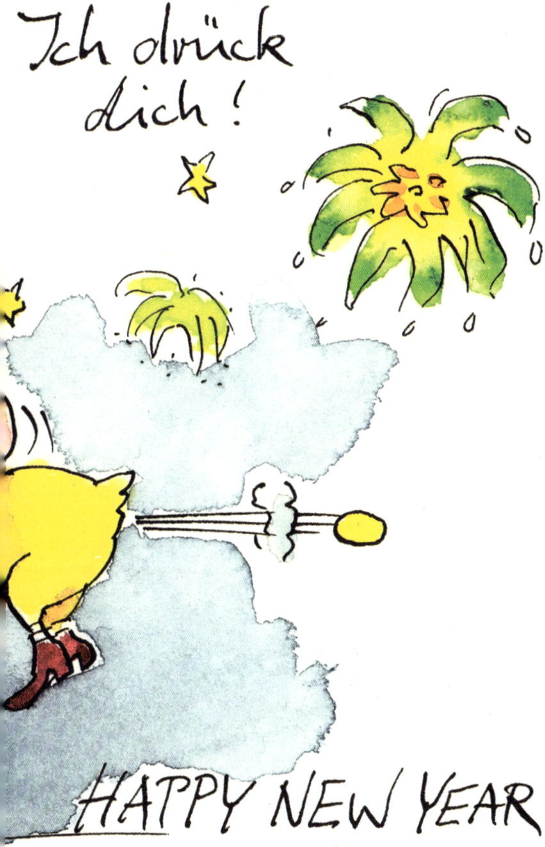
Ich drück dich!
HAPPY NEW YEAR

Alle Jahre wieder …

… schrillen im Mai, spätestens Anfang Juni, die Alarmglocken. Dann ist mein Verleger am Telefon und wünscht sich von seinem Zeichner neue Vorschläge für Weihnachtskarten. Draußen scheint die Sonne, die Vögel zwitschern und die Außentemperatur tendiert gegen 30 Grad Celsius. Weit und breit kein Adventskranz, keine Kerzen, keine geschmückte Tanne.

»Weihnachtsmotive? Jetzt?? Null Idee«, sage ich. Ich brauche erst mal einen Schluck Wasser.

»Dir ist doch noch immer was eingefallen«, sagt die Stimme am anderen Ende der Leitung.

»Wie viele?«, frage ich.

»Na ja, vier oder fünf reichen, aber achte darauf, dass ein oder zwei Hochformate dabei sind«, antwortet der Mann, der mit Vornamen genauso heißt wie ich.

Ich muss nachdenken. »Ich melde mich … falls mir etwas einfällt.« Damit ist das Telefonat beendet, und ich starre aus dem Fenster in den blauen Himmel über den bayerischen Bergen. Himmel hilf!!! Ich vergesse das Telefonat schnell wieder.

Wie hat das eigentlich angefangen mit den Weihnachtskarten? Ich erinnere mich noch ganz genau: Buchmesse 1984, ich hatte gerade mein erstes Hühner-Buch (*Huhnstage*) veröffentlicht und ein paar selbst gedruckte Hühnerkarten in der Jackentasche. Beim Schlendern über die Messe entdeckte ich einen Verlagsstand, der Karten von Tomi Ungerer und Wilhelm Schlote im Programm hatte. Ich zeigte einer Mitarbeiterin meine Karten, und da der »Chef« nicht am Stand war, überließ ich sie ihr. Abends fuhr ich wieder zurück nach Freiburg. Tags darauf stand der »Chef« vor unserer Haustür und lud mich zum Essen ein. Nach dem Dessert hatte ich einen Vertrag in der Tasche und den Auftrag, ganz schnell einige Weihnachtsmotive zu entwickeln. Es war immerhin schon Oktober (nicht Mai …)! Ich zeichnete im Eiltempo acht Motive und schickte sie nach Köln zum Verlag. An Weihachten rief mich der Verleger an und verkündete die frohe Botschaft: 700 000 verkaufte Karten! Halleluja. Ein schönes Weihnachtsgeschenk. (Man muss dazu sagen: Ich gehörte mit zu den ersten, die das Thema Weihnachten in Form von humoristischen Karten verarbeiteten.)

Seit diesem denkwürdigen Weihnachten ist kein Jahr ohne neue Motive vergangen. Nicht alle, aber viele aus dieser Endlos-Serie sind in dem Band zu finden, den Sie in den Händen halten. Zu den allerersten Motiven gehörte »Sind die gespritzt?« (siehe S. 83) – schon 1985 wurde also erwartet, dass der Weihnachtsmann BIO-Äpfel verschenkt. Als dann circa 1987 das erste Fax-Gerät in meinem Atelier stand, trug der Weihnachtsmann ein Protestschild: »PAX statt FAX« – dieses Motiv hat es nicht in den Band geschafft, weil es in den Tiefen des Ateliers inzwischen unauffindbar ist. Jedes Jahr versuche ich, aktuelle Themen (politisch, gesellschaftlich, zwischenmenschlich) als Weihnachtsthema zu verpacken. Nur so kann immer wieder Neues entstehen. Ein Motiv aus der letztjährigen Serie zeigt den Weihnachtsmann in einem E-Auto an der Ladesäule: »Mit unserem alten Schlitten wären wir längst da« (siehe S. 118) – ob das E-Auto wie das Fax auch irgendwann in der Bedeutungslosigkeit versinkt? Engel, Elch, Weihnachtsmann, Tannenbaum und Co. sind zwar feste Bestandteile so einer

Weihnachtskarte, aber ohne aktuelle Botschaften wären sie längst langweilig und erfolglos.

Viele Motiven zeigen Kinder. Sie sehen das Fest aus einer ganz anderen Perspektive als Erwachsene. Sie fiebern förmlich auf das Fest hin und haben Wünsche, Fragen, Ängste, Unsicherheiten: Gibt's den Nikolaus/Weihnachtsmann überhaupt? Wann darf ich endlich auspacken? Ist unsere Krippe schöner als die von Opa? Woher kann der Nikolaus wissen, dass ich nicht brav war? Wieso beantwortet der Weihnachtsmann meine WhatsApp-Nachricht nicht? Wieso liegt kein Schnee zum Fest? Kinder sind also ein ergiebiges Thema, und Kindermund ist immer wieder einen Lacher wert.

Wie war das eigentlich in meiner eigenen Kindheit? Da gab es den Weihnachtsmann, wie wir ihn heute kennen, noch gar nicht; da gab es den Nikolaus im Bischofsgewand. Der hat uns Kindern die Leviten gelesen, mit der Rute gedroht und als Geschenk »Apfel, Nuss und Mandelkern« gereicht. Wir hatten eine Heidenangst vor diesem 6. Dezember. Heute würden die Eltern den Nikolaus wegen Traumatisierung der Kinder verklagen (siehe S. 96 f.). An Weihnachten kam bei uns das Christkind und legte heimlich Geschenke unter den geschmückten Baum. Erst wurde gesungen, dann wurde ausgepackt. Und zum Schluss gab es Linzertorte! Die darf übrigens bis heute bei unserer Feier nicht fehlen. Badische Tradition. Wie alles andere, so ist also auch Weihnachten ständig im Wandel. Und doch bleibt vieles gleich. Tradition eben, weil wir das schon immer so gemacht haben.

An das gemeinsame Weihnachtsfest waren und sind so viele Erwartungshaltungen geknüpft. Allein schon das

Motto *harmonische* oder *besinnliche Tage* kann zur Falle werden. Da bilden Anspruch und Wirklichkeit oft eine gewaltige Fallhöhe. Wehe, es kommt zum Streit: Die Enttäuschung über ein »falsches Geschenk« wird ausgesprochen. Der Braten ist nicht durch. Oma schmeckt die vegane Schokolade nicht. Die Kinder weigern sich, Danke zu sagen. Der Schwiegersohn raucht vor den Kindern. In einem meiner Motive steht der Weihnachtsmann vor Vater, Mutter, Kind und Opa und fragt: »Kennt Ihr die Heilige Familie?« Antwort des Kindes: »Wir sind's nicht!«

Als ich mit der Serie von Weihnachtsmotiven anfing, war ich ein junger Vater aus der alternativen Szene Freiburgs. Heute zeichne ich aus der Perspektive des Großvaters, der schon sehr viele Weihnachtsfeste auf dem Buckel hat. Aus der Spannung zwischen früher und heute, alt und modern, neuen und alten Traditionen und so weiter lassen sich immer wieder aufs Neue humoristische Einfälle ableiten.

Apropos Einfälle: Ich sollte mal langsam mit dem Skizzieren anfangen. Haben wir nicht schon Juni?! Erste Stichworte kommen mir in den Sinn: Streik, Burnout, 35-Stunden-Woche, Gendersprache, Wokeness, Künstliche Intelligenz ... Ja, warum nicht die KI fragen? Vielleicht hat sie ein paar brauchbare Ideen parat. Ans Werk! Ich rieche schon den Glühwein.